EPISODIOS QUE CAMBIARON LA HISTORIA DE ESPAÑA

EDUARDO MONTAGUT

www.episodiosdelahistoria.guiaburros.es

EDITATUM

Diseño de cubierta: © Looking4
Maquetación de interior: © EDITATUM

Segunda edición: Noviembre 2019

ISBN: 978-84-17681-25-8
Depósito legal: M-17993-2019

Si después de leer este libro, lo ha considerado como útil e interesante, le agradeceríamos que hiciera sobre él una **reseña honesta en Amazón** y nos enviara un e-mail a **opiniones@guiaburros.es** para poder, desde la editorial, enviarle **como regalo otro libro de nuestra colección.**

Aunque la responsabilidad de un libro es siempre de su autor, especialmente sus carencias y fallos, es evidente que no se hubiera podido realizar sin el esfuerzo y empeño de otras personas. En primer lugar, tengo que citar a los responsables de esta editorial que han apostado por este autor proponiendo este ejercicio de síntesis, a través de hechos relevantes, de la Historia de España. Por otro lado, no dejaré de agradecer el magisterio de Jesús Bravo Lozano en mis años de estudiante de Historia y con mi tesis doctoral, que me enseñó la virtud de ir a la esencia de las cosas y de resumir, empresas harto complejas para las que este autor no estaba muy preparado.

Por fin, tengo que agradecer a Pablo Bahillo y Víctor Berástegui por todo, a mi familia que siempre ha tenido una gran fe en el trabajo de este historiador, y a mis alumnos de Bachillerato que me obligan año tras año a mejorar en la enseñanza de la Historia de España. Este libro tiene mucho de ellos.

Sobre el autor

Eduardo Montagut nació en Madrid en 1965, licenciándose en Historia Moderna y Contemporánea por la UAM en el año 1988, con premio extraordinario. En la misma Universidad alcanzaría el doctorado en 1996 con una tesis sobre los alguaciles de Casa y Corte en el Madrid del Antiguo Régimen, un estudio social del poder. Por otro lado, el autor emprende estudios de la época ilustrada a través de la Real Sociedad Económica Matritense y la Real Sociedad Bascongada de Amigos del País sobre cuestiones de enseñanza, agricultura, montes y plantíos. En 1996 comienza su carrera de docente en Educación Secundaria en la Comunidad de Madrid.

Con el nuevo siglo, Eduardo Montagut inicia una intensa actividad en medios digitales y escritos con publicaciones de divulgación e investigación histórica, política y de memoria histórica, así como impartiendo conferencias, y participando en charlas y debates.

Índice

Introducción

En esta guía presentamos treinta hechos que marcaron la Historia de España en las épocas moderna y contemporánea, hasta la muerte de Franco. Seleccionar siempre es doloroso, y aunque se han intentado abordar acontecimientos diversos y que el autor considera decisivos, siempre se quedan muchos fuera, sin olvidar que habrá lectores que opinen que algunos de los incluidos no han sido tan relevantes.

En cada hecho partimos de un texto contemporáneo al suceso, que sirve de marco, seguido de una explicación del acontecimiento, huyendo siempre de la anécdota para intentar hacer comprender no solo el mismo, sino sus causas y sus consecuencias, procurando ofrecer una visión —eso sí, muy sintética—, de los procesos históricos. Es evidente que muchos lectores no compartirán las explicaciones e interpretaciones, pero eso es sumamente positivo porque habremos conseguido, además del empeño divulgativo, suscitar controversia, instrumento fundamental para el conocimiento de la Historia.

Las Capitulaciones de Santa Fe

«Las cosas suplicadas e que Vuestras Altezas dan e otorgan a don Christóval de Colón, en alguna satisfacción de lo que ha descubierto en las Mares Océanos y del viage que agora, con el ayuda de Dios, ha de fazer por ellas en servicio de Vuestras Altezas, son las que se siguen.

1. Primeramente que Vuestras Altezas como sennores que son de las dichas mares Océanas fazen dende agora al dicho don Christóval Colón su almirante en todas aquellas islas y tierras firmes que por su mano o industria se descubrirán o ganarán en las dichas Mares Océanas para durante su vida, y después de él muerto, a sus herederos […].

2. Otrosí, que Vuestras Altezas fazen al dicho Christóval Colón su Visorey e Governador General en todas las dichas tierras firmes e islas que, como dicho es, él descubriere o ganare […].

3. Item que de todas e qualesquiere mercadurias, siquiere sean las piedras preciosas, oro, plata, specieria, e otra cualesquiere cosas [...] dentro de los límites de dicho Almirantazgo, que desde agora Vuestras Altezas fazen merced al dicho don Christóval e quieren que haya e lleve para sí la dezena parte de todo ello».

— Capitulaciones de Santa Fe, 17 de abril de 1492 —

El proceso que llevó a la firma de las Capitulaciones de Santa Fe no fue fácil. Cristóbal Colón llegó en 1491 al monasterio de La Rábida, donde el confesor de la reina, a la sazón el franciscano Juan Pérez, se ofreció para aconsejar su proyecto. Tuvo éxito, y el marino pudo presentarlo en el campamento de Santa Fe a los Reyes Católicos, aunque sus peticiones fueron consideradas excesivas por los monarcas. Pero en el seno de la corte Colón tenía sus apoyos, que se movieron para intentar buscar la financiación adecuada para conseguir llegar a Oriente por Occidente. No debemos olvidar que el vecino Portugal llevaba ya un largo tiempo buscando una ruta a la India bordeando África, y su protagonismo en el océano era innegable. Este conjunto de causas hizo que Isabel y Fernando reconsideraran su negativa y aceptaran negociar con Colón.

Después de unos tres meses, el 17 de abril de 1492 y ya conquistada Granada, se firmaron las Capitulaciones de Santa Fe. En este ámbito significaban un contrato entre la Corona y un particular para descubrir y/o conquistar un territorio, estableciendo una serie de condiciones.

Las Capitulaciones de Santa Fe estipulaban la concesión a Colón del título de almirante sobre las islas y tierras firmes que descubriese. El cargo era a perpetuidad y hereditario. También se le nombró virrey y gobernador, y se le otorgaba una décima parte de los beneficios de los descubrimientos. Por otra parte, debía contribuir con una octava parte de los gastos de las armadas, a cambio de recibir la misma proporción de los beneficios. Unos días después, se le hizo vitalicio y hereditario el cargo de gobernador con el tratamiento de «don».

Las Capitulaciones suponen uno de los documentos más importantes de la Historia, porque aunque no aluden a las Indias y por supuesto tampoco a América, abrieron la puerta al descubrimiento del Nuevo Mundo. Pero, por otra parte, también han generado no pocas polémicas historiográficas. Se concedían mercedes en satisfacción a lo que se había descubierto. ¿Significa eso que había habido un viaje anterior? Además, los monarcas se proclamaban señores de las «mares océanas», cuando el Tratado de Alcaçovas daba a Portugal derecho sobre el sur de Canarias y el resto del mar.

Otra de las cuestiones a tener en cuenta tiene que ver con las concesiones reales, ya que sin duda eran en extremo generosas, contradiciendo la política desarrollada por los Reyes Católicos contraria a la profusión de mercedes. Precisamente por todo esto, a partir de 1508 se plantearon los Pleitos Colombinos entre los descendientes de Colón y la Corona. Los primeros pretendían que se mantuviese lo estipulado en las Capitulaciones, ya que la Monarquía, ante la magnitud de lo descubierto, se desdijo. Así pues, si las Capitulaciones se contemplaban como un contrato, los descendientes podían reclamar lo que no se había cumplido, pero si se interpretaban como un conjunto de concesiones, los reyes podían anularlas en virtud de su potestad.

Después de muchas peripecias, en 1536 se estableció un laudo arbitral entre Luis Colón, nieto del descubridor, y Carlos V. La familia Colón renunciaba a los privilegios de las Capitulaciones a cambio de una renta a perpetuidad, y un conjunto de títulos.

La expulsión de los judíos

«Porque Nos fuimos informados que en estos nuestros reinos había algunos malos cristianos que judaizaban y apostataban de nuestra fe católica, de lo cual era mucha culpa la comunicación de los judíos con los cristianos, en las Cortes de Toledo de 1480 mandamos apartar a los judíos […] dándoles juderías y lugares apartados donde vivieran juntos en su pecado […]. Consta y parece ser tanto el daño que se sigue a los cristianos de la participación, conversación y comunicación con los judíos, los cuales […] procuran siempre, por cuantas vías más pueden, de subvertir y sustraer de nuestra santa Fe Católica a los fieles cristianos, y apartarlos de ella, y atraer y pervertir a su dañada creencia y opinión, instruyéndoles en las ceremonias y observancia de su ley.

Por ende, Nos, con el consejo y parecer de algunos prelados, grandes nobles y caballeros, y de otras personas de ciencia y de conciencia […], acordamos mandar que hasta el fin del mes de julio que viene salgan todos los dichos judíos y judías de nuestros reinos con sus hijos, de cualquier edad que sean, y que no osen tornar […] bajo pena de muerte. Y mandamos que nadie de nuestros reinos sea osado de recibir, acoger o defender pública o secretamente a judío ni judía pasado el término de julio [...] so pena de confiscación de todos sus bienes».

Decreto de los Reyes Católicos expulsando a los judíos.
Granada, 31 de marzo de 1492

Según el decreto de expulsión, los judíos tendrían un plazo hasta finales de julio para marcharse si no se bautizaban. En ese tiempo estarían amparados por los monarcas para poner en orden sus asuntos y vender sus bienes, aunque no podrían sacar oro y plata ni algunos tipos de mercancías. Aunque es difícil precisar datos concretos, se calcula que la decisión afectó a 90 000 judíos en Castilla frente a unos 12 000 en la Corona aragonesa. Los judíos sufrieron muchas penalidades en la salida. Los que sobrevivieron se asentaron en Portugal, en el norte de África, Italia, y en posesiones turcas en Grecia y Palestina.

La expulsión coronaba una situación de persecución que había comenzado en 1391, cuando la relativa convivencia se truncó. En ese año estallaron persecuciones que provocaron muertes y destrucciones, comenzando en Sevilla y promovidas por parte de la nobleza y el clero. Muchos judíos se convirtieron, comenzando el fenómeno de los judeoconversos o marranos, aunque una parte importante de los mismos seguía practicando el judaísmo en la clandestinidad.

El odio, la violencia y el recelo se instalaron en los distintos reinos cristianos peninsulares a partir de entonces. Se mantuvo la relación entre parte de la minoría judía y la realeza en lo referido a las finanzas, ya que el creciente poder de las Coronas necesitaba grandes aportaciones económicas, pero en lo político y administrativo los judíos fueron desplazados.

Los Reyes Católicos no desarrollaron en el inicio de su reinado una política especialmente negativa hacia los judíos, pero a partir de 1480-81 la situación cambió y comenzó una clara presión sobre los mismos, con la dispersión ordenada de las zonas consideradas como peligrosas. Unos pocos años antes se había establecido la Inquisición moderna, encargada no solo de velar por la ortodoxia, sino sobre todo de vigilar la sinceridad de la conversión al cristianismo. Esa nueva Inquisición no dependía de Roma sino de la Monarquía, y fue durante mucho tiempo casi la única institución común a todos los reinos a través del Consejo de la Inquisición.

La unidad religiosa, establecida por los Reyes Católicos, tuvo una clara repercusión en muchos ámbitos de la España moderna, desarrollándose una verdadera obsesión por la «pureza» de la sangre, con la división entre cristianos viejos y cristianos nuevos, estableciéndose los estatutos de limpieza de sangre como requisito para poder ingresar en muchas instituciones.

La batalla de Villalar

«[...] que despúes dél (Carlos I) no pueda suceder muger ninguna en el reino; pero que no habiendo hijos, que puedan suceder hijos e hijas é de nietas siendo nascidos é bautizados en Castilla; [...] quel Rey no pueda poner Coregidor en ningun logar, sino que cada ciudad é villa elijan el primero dia del año tres personas de los hidalgos é otras tres de los labradores, é questos dos que escojeren sean alcaldes de cevil é criminal por tres años, [...] que los oficios de la casa Real se hayan de dar á personas que sean nascidos é bautizados en Castilla, [...], quel Rey no pueda sacar ni dar licencia para que se saque moneda ninguna del reino, ni pasta de oro ni de plata, é que en Castilla no pueda andar ni valer moneda ninguna de vellon sino fuere fundida é marcada en el reino [...]».

Peticiones de los comuneros
en la Junta Santa de Ávila, 1521

La batalla de Villalar, en abril de 1521, selló la derrota de los comuneros, llevando al patíbulo a sus tres caudillos: Juan Bravo, Padilla y Maldonado. En los primeros días de mayo las Comunidades se fueron rindiendo, menos Toledo, donde los más acérrimos comuneros resistieron apoyando a doña María Pacheco, viuda de Padilla.

Las Comunidades de Castilla nacieron como respuesta al profundo malestar que se derivó de la llegada de Carlos I. El nuevo monarca llegó rodeado de una corte flamenca, cuyo comportamiento generó rechazo en Castilla. Las Cortes de Valladolid expresaron este malestar, recordándole al joven Carlos que su madre, doña Juana, seguía siendo la reina. Además, se produjo una salida casi masiva de moneda hacia Flandes, y se concedieron muchas mercedes a los extranjeros. En 1519 llegaba la noticia de que Carlos ha sido elegido emperador. Este hecho generaría grandes gastos y las protestas se multiplicaron. Toledo propuso que las ciudades con voto en Cortes tratasen de las repercusiones que para Castilla podría traer la elección imperial, llegando a proponer una especie de regencia si el rey marchaba a Alemania, aunque la idea no prosperó. El clima de tensión estaba reflejando el interés de la burguesía castellana por intervenir en los asuntos de gobierno en un momento en el que llegaba una dinastía extranjera con preocupaciones que iban más allá del reino.

La elección de procuradores para las Cortes convocadas en marzo de 1520 en Santiago generó una amplia discusión en todo el reino, que terminó por articularse en un texto donde se planteaba el rechazo al Imperio. Pero Carlos estaba empeñado en su elección, y marchó en mayo dejando como gobernador al cardenal Adriano de Utrecht. Toledo se alzó y su decisión fue seguida por distintas ciudades.

En el mes de agosto se reunió en Ávila una Santa Junta. Adriano y el Consejo Real comenzaron a reprimir el movimiento. Padilla entró en Tordesillas, donde residía recluida la reina Juana. La mayoría de las ciudades con derecho a voto en las Cortes se incorporaron a las Comunidades, y la Santa Junta se constituyó como órgano de gobierno en nombre de la reina.

El desarrollo de estos hechos provocó la reacción señorial y de la alta burguesía, especialmente la burgalesa. El Gobierno, con apoyo portugués y de esos estamentos, consiguió desalojar a los comuneros de Tordesillas. Después llegaría la batalla de Villalar y la resistencia numantina de María Pacheco. Carlos regresaría en el verano para liquidar el movimiento, ejecutando a los principales comuneros e indultando al resto.

La guerra de las Comunidades supuso el fracaso de la burguesía castellana para cuestionar el nuevo poder, pero Carlos aprendería algunas lecciones y procuraría que Castilla se convirtiera en el centro de su Imperio.

La batalla de Lepanto

«Perdió en la batalla naval de Lepanto la mano izquierda de un arcabuzazo, herida que, aunque parece fea, él la tiene por hermosa, por haberla cobrado en la más memorable y alta ocasión que vieron los pasados siglos, ni esperan ver los venideros, militando debajo de las vencedoras banderas del hijo del rayo de la guerra, Carlo Quinto, de felice memoria...»

Prólogo de las *Novelas Ejemplares*.
Madrid, 14 de julio de 1613

La batalla de Lepanto supone un hecho fundamental en la Historia de las relaciones internacionales en el Mediterráneo en el siglo XVI, en la pugna entre el todopoderoso Imperio otomano, y sus aliados los piratas berberiscos, frente a las potencias cristianas, las italianas y la Monarquía Hispánica.

Los turcos se encontraban en un momento de máximo esplendor a comienzos de la segunda mitad del siglo XVI. En 1560 se había producido la victoria de Djerba, y Malta había podido resistir con mucha dificultad cuatro años después. En 1570 el ataque a los venecianos en Chipre provocó que las potencias cristianas tomaran la decisión de aunar sus esfuerzos porque parecía imposible frenar a los turcos. Así nació la Santa Liga, integrada por la Monarquía Hispánica, Venecia y el Papado, contando con la ayuda de Génova y Malta. Se decidió que su comandante en jefe sería don Juan de Austria, que había sofocado la sublevación de las Alpujarras. En todo caso, el monarca español decidió que una junta compuesta por Luis de Requesens, Andrea Doria, Álvaro de Bazán y Juan de Cardona tutelase al joven. En este sentido, Felipe II siempre mantuvo recelos sobre su hermanastro. Por la parte veneciana, que mantenía parte de su potencia marítima, se encontraba Sebastián Veniero. Las galeras pontificias serían comandadas por Marco Antonio Colonna. La fuerza que se concentró en Messina era impresionante. Aunque Venecia aportó más embarcaciones que España, sufría un déficit de infantería, que fue resuelto por el comandante en jefe ordenando que parte de las tropas españolas e italianas reforzaran las galeras venecianas. No fue un asunto fácil, dadas las suspicacias venecianas. De hecho, a comienzos de octubre tuvo lugar un enfrentamiento en una galera con arcabuceros españoles, que fue reprimida por Veniero, saltándose sus competencias, poniendo a prueba las dotes diplomáticas de don Juan de Austria.

Por su parte, los turcos contaban con una flota aún mayor, comandada por Alí Pachá y reforzada con navíos de los piratas berberiscos de Argelia.

El 7 de octubre de 1570 las dos flotas, que llevaban tiempo buscándose, se encontraron en la entrada del golfo de Lepanto, en una situación ventajosa para la flota cristiana. En todo caso, los turcos desplegaron una impresionante fuerza de 230 galeras frente a las 208 cristianas, aunque por otra parte estas tenían mejor artillería y tropas muy experimentadas de infantería española. La lucha fue intensísima. Los turcos intentaron rodear al enemigo, pero no lo consiguieron. Los venecianos perdieron al comandante Barbarigo, pero mantuvieron su posición gracias a su magnífica artillería. La galera de don Juan de Austria embistió a la de Alí Pacha en el centro de la batalla, desarrollándose toda una batalla casi campal de infantes y jenízaros. En el fragor de la misma Alí Pachá fue muerto, decidiéndose la suerte final del combate. Se trató de una victoria absoluta, capturándose casi toda la flota enemiga menos la de los piratas berberiscos, ágiles en la huida. Además, fueron liberados miles de galeotes cristianos esclavos, aunque no debemos olvidar que la batalla fue muy sangrienta, con decenas de miles de muertos y heridos.

Pero la batalla de Lepanto no hundió el poder turco en absoluto. Chipre no pudo ser liberado y al poco tiempo el Imperio turco, una formidable organización con infinidad de recursos, consiguió levantar una flota casi del mismo tamaño que la derrotada, sin olvidar que los berberiscos siguieron su particular y exitosa guerra de pillaje y captura de esclavos cristianos.

La importancia de Lepanto reside, en cambio, en que supuso el fin de la invencibilidad turca, consiguiéndose una especie de *statu quo* entre los otomanos y cristianos en el dominio del Mediterráneo.

La guerra de los Países Bajos

«Primeramente, el dicho Señor Rey declara y reconoce, que los dichos Señores Estados Generales de los Países Bajos Unidos y las Provincias de ellos respectivamente, con todos sus Países asociados, Ciudades y Tierras de su pertenencia, son Estados, Provincias y Países libres y Soberanos, sobre los cuales, ni sobre sus Países, Ciudades y Tierras Asociadas, como se ha expresado, el dicho Señor Rey no Pretende nada, y que al presente, e de aquí adelante, no pretenderá cosa alguna para sí, sus Herederos y Sucesores; y que a consecuencia de esto tiene a bien tratar con los dichos Señores Estados como lo hace al presente, una Paz perpetua con las condiciones escritas y declaradas aquí abajo…».

Primera cláusula del Tratado de Münster entre S.M.C y los Estados Generales de las Provincias Unidas, 30 de enero de 1648.

La guerra de los Países Bajos, por su duración e intensidad, constituye uno de los hechos más determinantes de la Historia moderna de la época de los Austrias, durante ochenta años. Y lo fue por el inmenso esfuerzo humano y económico que supuso, repercutiendo sin lugar a dudas en la crisis de la Monarquía Hispánica.

Los Austrias consideraron siempre vital la conservación de estos territorios, densamente poblados y económicamente muy potentes, que procedían de su herencia borgoñona, a la que nunca quisieron renunciar. Se encontraban en una posición estratégica en Europa, y además eran el destino de la ruta atlántica de la lana castellana.

Felipe II, a pesar de su conocimiento de primera mano de la realidad flamenca, desarrolló una política poco conciliadora con unos Estados que poseían una tradición institucional muy avanzada y arraigada y donde, además, la cuestión religiosa con la Reforma protestante terminaría por complicar más la relación entre parte de estas provincias y su monarca. Así pues, estaríamos ante un complejo conflicto, con fuerte carga ideológica (gran parte de la leyenda negra tuvo que ver con esta guerra) y religiosa, sin olvidar un componente de proto-nacionalismo.

El levantamiento encabezado por Guillermo de Orange comenzó a raíz de la política autoritaria desarrollada por la gobernadora Margarita de Parma y el cardenal Granvela en 1566, y que se extendió por distintos lugares, incluyendo ataques a los bienes de la Iglesia. Pero el tinte social que estaban adquiriendo las revueltas provocó que la nobleza profesara fidelidad al rey, por lo que Margarita pudo sofocarlas. Ante esta situación, Felipe II optó por imponer la política de dureza en Flandes, enviando en 1567 al duque de Alba. Al llegar, creó el Consejo de Tumultos, encargado de la ejecución de los rebeldes, destacando entre las víctimas el conde de Egmont. Alba realizó un amplio despliegue de tropas, pero no consiguió pacificar los territorios. El problema residía en la falta de fondos, que intentó solucionarse imponiendo una durísima política fiscal, totalmente contraproducente porque generó malestar social. También fracasó en el control marítimo porque los mendigos del mar, entre piratas y rebeldes flamencos, con apoyo inglés y de los hugonotes franceses, pudieron hacerse fuertes en algunos puertos claves.

El recambio de Alba llegó con Luis de Requesens, que introdujo una estrategia más conciliadora, aunque sin apoyo económico tampoco pudo conseguir nada. La Hacienda real estaba en bancarrota, y las tropas no pudieron recibir sus soldadas, provocando motines y pillajes, como el saqueo de Amberes en 1576, que consiguió unir a las provincias del norte con las del sur. Al final se firmaría la Pacificación de Gante, por la que se proclamó la libertad religiosa y la retirada de las tropas españolas.

El siguiente gobernador, don Juan de Austria, cumplió la parte militar del trato, con la condición de que se terminaran las revueltas, pero poco duró este nuevo espíritu, porque al retirarse los tercios estallaron más revueltas. Este sería el panorama que se encontró Alejandro Farnesio, que empleó tanto la diplomacia como las armas con el fin de que los rebeldes volvieran a la obediencia. Tuvo éxito con las provincias del sur en la Paz de Arras de 1578, pero en contraposición, las del norte —Holanda y Zelanda— se juramentaron en la Unión de Utrecht.

Felipe II decidió ceder los Países Bajos a su hija Isabel Clara Eugenia y a su esposo el archiduque Alberto, para que fueran heredados por sus descendientes, con el fin de serenar la situación; sin embargo, no fue así, porque los rebeldes del norte eligieron a Guillermo de Nassau como su rey. En todo caso, el agotamiento de unos y otros, y ya en tiempos de Felipe III, llevó a la Tregua de los Doce Años (1609).

Terminada la paz, y ya iniciada la Guerra de los Treinta Años, el conflicto resurgió. Después de la derrota de los tercios en Rocroi, los holandeses y franceses invadieron la mayoría de los territorios. Solamente se conservaron Gante, Brujas, Amberes y Namur. El Tratado de Münster, dentro de la Paz de Westfalia (1648), puso fin al conflicto de Flandes. Felipe IV tuvo que reconocer la independencia de las Provincias Unidas.

La publicación de
El Quijote

«Puesto nombre, y tan a su gusto, a su caballo, quiso po-
nérsele a sí mismo, y en este pensamiento duró otros ocho
días, y al cabo se vino a llamar don Quijote; de donde, como
queda dicho, tomaron ocasión los autores desta tan verdadera historia que, sin duda, se debía de llamar Quijada, y no
Quesada, como otros quisieron decir. Pero, acordándose que
el valeroso Amadís no solo se había contentado con llamarse Amadís a secas, sino que añadió el nombre de su reino
y patria, por hacerla famosa, y se llamó Amadís de Gaula,
así quiso, como buen caballero, añadir al suyo el nombre de
la suya y llamarse don Quijote de la Mancha, con que, a su
parecer, declaraba muy al vivo su linaje y patria, y la honraba
con tomar el sobrenombre della».

Fragmento del capítulo I de *El Quijote*

La primera parte de *Don Quijote de la Mancha* de Miguel
de Cervantes Saavedra, con el título de *El ingenioso hidalgo Don Quijote de la Mancha,* se publicó en 1605, aunque
ya estaba impresa a finales del año anterior. La segunda
parte salió en 1615. Debemos recordar, además, que en
1614 se publicó una segunda parte apócrifa firmada por
Alonso Fernández de Avellaneda.

La novela de Cervantes, la primera novela moderna, cuenta las peripecias de un hidalgo llamado Alonso Quijano y de su escudero Sancho Panza, dos personajes con visiones distintas del mundo, pero quizás complementarias, y que han provocado que los lectores intenten identificarse con uno de ellos, aunque la obra incluye también multitud de personajes harto interesantes, además de meternos en aventuras y peripecias secundarias que enriquecen el texto, y que con maestría nos devuelven a la trama principal.

El Quijote es una obra cumbre de la literatura en castellano y universal, con una inmensa influencia posterior, y no solo en la literatura, sino en el resto de las artes, y que ha suscitado todo tipo de interpretaciones, estudios, polémicas, instituciones específicas para su estudio, etc., llegando a decirse que es la segunda obra más leída en el mundo después de la Biblia.

El Quijote supone una verdadera desmitificación de la novela caballeresca, pero también de la pastoril, aunque en realidad va mucho más allá, al reflejar una sociedad, unos valores y situaciones de la época moderna, pero con tal genialidad que, en realidad, esos valores son universales en el espacio y en el tiempo. En este sentido, hay ideales de la justicia, del amor, de los celos, políticos, etc., en línea con la literatura utópica, de humor, parodia y metaficción.

Sin lugar a dudas, la publicación de *El Quijote* es uno de los hechos sobresalientes de la Historia de España, o aún más, de la Historia universal.

La expulsión de los moriscos

«Entendido tenéis lo que por tan largo discurso de años he procurado la conversión de los moriscos de ese reino de Valencia y del de Castilla, y los edictos de gracia que se les concedieron y las diligencias que se han hecho para convertidos a nuestra santa fe, y lo poco que todo ello ha aprovechado [...], he resuelto que se saquen todos los moriscos de ese reino y que se echen en Berbería. Y para que ejecute lo que S.M. manda, hemos mandado publicar el bando siguiente:

Primeramente, que todos los moriscos de este reino, así hombres como mujeres, con sus hijos, dentro de tres días de como fuere publicado este bando en los lugares donde cada uno vive y tiene y tiene su casa, salgan de él y vayan a embarcarse a la parte donde el comisario les ordenare, llevando consigo de sus haciendas los muebles, los que pudieren en sus personas, para embarcarse en las galeras y navíos que están aprestados para pasarlos en Berbería, adonde los desembarcarán sin que reciban mal tratamiento ni molestia en sus personas. Y el que no lo cumpliere incurra en pena de la vida, que se ejecutara irremisiblemente...».

Bando general de expulsión de los moriscos, 22 de septiembre de 1609

Los moriscos eran los musulmanes que permanecieron en los territorios que se fueron incorporando a los reinos cristianos. Tras la conquista del reino nazarí, los Reyes Católicos establecieron unas capitulaciones donde se respetaban su lengua, costumbres y religión, pero terminaron por incumplirse, provocando la rebelión del Albaicín en 1499 y la de las Alpujarras de 1502. Los moriscos de Granada serían deportados a otros lugares. En las posteriores Germanías valencianas también sufrieron persecución.

Los moriscos podían ser unos trescientos mil a comienzos del siglo XVII, distribuidos entre Valencia, el valle del Ebro, Castilla, Murcia y Andalucía. Suponían una minoría que intentaba conservar su cultura y religión, aunque fuera en una situación de evidente clandestinidad. La Monarquía, la Iglesia y el Santo Oficio ejercieron una presión intermitente sobre esta minoría. Por otro lado, muchos moriscos vivían dentro del régimen señorial, lo que les supuso una clara protección, ya que eran excelentes campesinos.

Si en la época de Carlos V se mantuvo una cierta calma, la situación cambió con Felipe II, en un contexto de intransigencia religiosa, pero también de creciente confrontación en el Mediterráneo contra el poderío turco. El rey emprendió una política claramente contraria a esta minoría provocando la rebelión de las Alpujarras (1568-1571), que traería más deportaciones.

La situación en relación con los moriscos empeoró considerablemente a partir de finales del XVI y comienzos del XVII. Por un lado, la política evangelizadora estaba fracasando, pero sobre todo creció el temor a una posible —aunque no probada— alianza de los moriscos con los berberiscos del norte de África y con los turcos, y hasta con los franceses. Pero también es cierto que existía una creciente hostilidad popular, en un momento de dificultades económicas, hacia una minoría que nunca se integró. Este sería el contexto en el que se produciría la expulsión de los moriscos en 1609 en el valimiento de Lerma con el rey Felipe III.

La operación se diseñó en secreto, con la intención de que fuera rápida y en varias fases, porque se quería evitar que se produjera una sublevación. Los primeros moriscos a expulsar debían ser los de Valencia. En todo caso, hubo problemas, pero las autoridades fueron muy diligentes, ya que en casi cuatro meses la expulsión se consumó (septiembre 1609-enero 1610). Después le llegaría el turno a los murcianos, y en la primavera de 1610 a los de Andalucía. En el verano se dio un plazo máximo a los castellanos para marcharse.

Tradicionalmente, se ha considerado que esta expulsión provocó una grave crisis demográfica, aunque hoy se matiza bastante esta afirmación porque no afectó a todos los reinos por igual, aunque es evidente que sí repercutió considerablemente en la demografía y la economía valencianas, porque muchos campos quedaron sin cultivar con el consiguiente descenso de las rentas.

La expulsión supuso el capítulo final de la política de unidad religiosa asociada a la política, que emprendieron los Reyes Católicos y continuaron los Austrias.

La crisis de 1640

«Tenga V.M. por el negocio más importante de su monarquía el hacerse rey de España; quiero decir, señor, que no se contente V.M. con ser rey de Portugal, de Aragón, de Valencia, conde de Barcelona, sino que trabaje [...] por reducir estos reinos de que se compone España al estilo y leyes de Castilla, sin ninguna diferencia en todo aquello que mira a dividir límites, puertos secos, el poder celebrar Cortes de Castilla, Aragón y Portugal en la parte que quisiere, a poder introducir V.M. acá y allá ministros de las naciones promiscuamente [...] V.M. procure poner la mira en reducir sus reinos al estado más seguro [...], conociendo que la división presente de leyes y fueros enflaquecen su poder y le estorba el conseguir fin tan justo [...]».

Gran Memorial. Conde-Duque de
Olivares, 1624

Las necesidades financieras de la Monarquía Hispánica producidas por la guerra de los Treinta Años obligaron a recurrir a medidas que terminaron por agravar la crisis social y económica de Castilla: nuevos impuestos, ventas de cargos públicos, venta de tierras de realengo, etc.

Esta situación provocó un aumento considerable descontento general y generó una clara oposición a Olivares desde varios frentes. En primer lugar, estarían los reinos que rechazaban las pretensiones unitarias y centralistas del conde-duque, especialmente formuladas en el *Gran Memorial* y en la *Unión de Armas*, donde pretendía que todos los reinos colaborasen de forma proporcional a su demografía y riqueza en el esfuerzo bélico. Pero también los miembros de la alta nobleza se quejaban del escaso protagonismo que tenían, a causa del evidente autoritarismo del valido. Por fin, los sectores populares sufrían la crisis económica y la presión fiscal.

Comenzaron a estallar conflictos y protestas ya en la década de los años treinta, como en Vizcaya, pero fue en 1640 cuando se llegó al culmen de las mismas con la revuelta de los catalanes, que duró hasta 1652, y el estallido de la insurrección en Portugal, que se dilató hasta 1668. Andalucía vivió una década de fuerte inestabilidad, especialmente en 1641 y entre 1647 y 1652. El marqués de Ayamonte y el duque de Medina Sidonia protagonizaron unos episodios que les condujeron a la pena capital. Por fin, los reinos de Nápoles y Sicilia también se incorporaron a la protesta en 1647.

Las rebeliones de dos reinos tan importantes como Cataluña y Portugal, en plena guerra de los Treinta Años, parecían que iban a desestabilizar a toda la Monarquía Hispánica. La impopularidad del valido aumentó de forma exponencial, y el rey Felipe IV decidió apartarle del poder en 1643, pero su caída no consiguió traer la paz.

La causa inmediata de la rebelión catalana tuvo que ver con los desmanes cometidos en la población por los soldados destinados en Cataluña por la guerra con Francia. En distintos lugares tuvieron lugar enfrentamientos entre campesinos y soldados. La rebelión se extendió a Barcelona el día del Corpus Christi, el conocido como Corpus de Sangre, cuando fue asesinado el virrey.

Al participar en la revuelta los segadores que acudían a la ciudad para ser contratados en campos cercanos, la rebelión fue conocida como la *Guerra dels Segadors*.

Pero la rebelión fue, en realidad, una revuelta anticentralista. Pau Claris proclamó la República desde la Generalitat y se buscó el apoyo francés, que solamente se daría si los catalanes decidían entregarse a su rey. Las instituciones catalanas así lo aprobaron y nombraron conde de Barcelona a Luis XIII. Pero la crisis económica, la peste y la opresión francesa, mucho peor que la castellana, provocaron el agotamiento de la rebelión. Los rebeldes se rindieron a Juan José de Austria en octubre de 1652, con la condición de que se respetasen sus fueros.

Por su parte, algunos sectores portugueses comenzaron a ver más inconvenientes que ventajas en la permanencia de Portugal dentro la Monarquía Hispánica, porque no garantizaba ya la defensa de su imperio y había atraído nuevos enemigos como los holandeses.

La rebelión nació con un fuerte carácter nobiliario anticastellano, proclamándose al duque de Braganza como rey con el nombre de Juan IV.

La rebelión sorprendió a Felipe IV y a Olivares, concentrados en Cataluña pensando que sería más fácil recuperar Portugal por su aislamiento geográfico. Pero Portugal obtuvo las ayudas inglesa y francesa, terminando por reconocerse su independencia en 1668.

Las Meninas

Sin lugar a dudas, el cuadro de *Las Meninas* constituye uno de las obras pictóricas más importantes de la Historia del arte, uno de los lienzos más grandes en tamaño y más complejos que pintara Diego Rodríguez de Silva y Velázquez (1599-1660). Antonio Palomino se encargó en su libro *El Museo Pictórico* de 1724 de inaugurar la fama de este cuadro.

Al parecer, se pintó hacia 1654 en el Cuarto del Príncipe del Alcázar de Madrid, que es a su vez el escenario de la pintura en sí. En el cuadro aparecen la infanta Margarita de Austria, atendida por doña María Agustina Sarmiento y doña Isabel de Velasco, las meninas de la reina, es decir las personas que desde niñas entraban a servir en la Casa Real. Velázquez aparece pintando a la izquierda, y también se encuentran los enanos Mari Bárbola y Nicolasito Pertusato con un mastín. Algo más atrás estaría doña Marcela de Ulloa, dama de honor, con un guardadamas. En una puerta al fondo, entre los peldaños de una escalera, se encuentra el aposentador José Nieto. Por fin, el espejo del fondo permite vislumbrar a Felipe IV y Mariana de Austria.

Desde el punto de vista técnico el cuadro es una obra maestra gracias a la perspectiva aérea con varios puntos de luz. Es la representación de la vida.

El significado de la obra ha suscitado todo tipo de teorías: ¿pintaba Velázquez a los reyes cuando entró la infanta con su pequeña corte?, ¿estaba el pintor trabajando y todo se interrumpe ante la llegada de los monarcas? En cuanto a la interpretación también hay división de opiniones. En un principio, estaría la más clásica «del momento captado», es decir, la exaltación del realismo. Cuando se conoció el contenido de la biblioteca de Velázquez y se supo de su amplia cultura simbólica, se quiso aplicar al cuadro buscando alegorías y significados ocultos. Por fin, hay hasta interpretaciones que pondrían más el acento en el propio espectador y su papel en el interior del cuadro. También habría significados políticos, ya que aparecen personajes regios, sin olvidar otras referencias históricas del momento de la dinastía de los Austrias o del propio Velázquez con su cruz de Santiago. Por fin, este cuadro parece una invitación a la reflexión sobre la importancia de ver, sobre el placer que nos ofrece la pintura.

La influencia de este cuadro ha sido considerable, siendo el primero Luca Giordano y uno de los principales Francisco de Goya, para luego llegar a Singer Sargent, y entrar en el siglo XX con Picasso, Dalí, Cristóbal Toral, Antonio Saura, el Equipo Crónica y Manolo Valdés, entre otros.

El Tratado de Utrecht

«Artículo 8: Será libre el uso de la navegación y del comercio entre los súbditos de ambos reinos [...] y para que la navegación y comercio a las Indias occidentales queden más firmemente y ampliamente asegurados, se ha convenido y ajustado también por el presente que ni el Rey Católico ni alguno de sus herederos y sucesores puedan vender, ceder [...] a los franceses ni a ninguna otra nación tierras, dominios y territorios algunos de la América española.

Artículo 10: El Rey católico, por sí y por sus herederos, y sucesores, cede por este tratado a la Corona de la Gran Bretaña la plena y entera propiedad de la ciudad y castillo de Gibraltar [...].

Artículo 11: El Rey católico [...], cede también a la corona británica toda la isla de Menorca, traspasándola para siempre todo el derecho y pleno dominio sobre dicha isla [...].

Artículo 12: El Rey católico da y concede a su Majestad británica y a la compañía de vasallos suyos formada para este fin la facultad para introducir negros en diversas partes de los dominios de su Majestad Católica en América [...]».

Tratado de paz entre la Corona de España y la Gran Bretaña. Firmado en Utrecht el 13 de julio de 1713

En 1700 moría Carlos II sin descendencia. Los dos candidatos con más derecho al trono eran el archiduque Carlos de Habsburgo y Felipe de Anjou, de la Casa de Borbón y nieto del rey Luis XIV. Carlos nombró sucesor al segundo pensando que, como nieto del rey Sol, podía ser la mejor opción para mantener el Imperio. Al ser nombrado rey como Felipe V, las potencias se alarmaron ante un posible bloque franco-español. Por su parte, Luis XIV comenzó a actuar casi como rey de España y reconoció los derechos de su nieto al trono francés. Inglaterra, Holanda, Saboya y Portugal decidieron apoyar al candidato austriaco, y se desencadenó el conflicto internacional.

La Guerra de Sucesión fue un conflicto europeo entre los Borbones hispano-franceses contra la alianza de Inglaterra, Austria, Holanda y Portugal y Saboya. Pero también fue una guerra interna. Gran parte de la Corona de Aragón fue partidaria de los Habsburgo, y la de Castilla lo fue de Felipe. Carlos prometió respetar los fueros e instituciones de los distintos reinos de la Corona aragonesa.

La guerra terminó con la elección de Carlos como emperador de Alemania por las muertes de su padre y hermano. Estos hechos planteaban un nuevo escenario en Europa. La elección de Carlos como emperador podía generar otra amenaza si un Habsburgo concentraba los dos tronos. También debe tenerse en cuenta el cansancio de los contendientes. En consecuencia, Inglaterra presionó para que terminase la guerra.

En realidad, la paz se selló con una serie de tratados bilaterales entre los contendientes. El principal de todos ellos fue el Tratado de Utrecht entre España e Inglaterra en 1713. Inglaterra fue la gran vencedora del conflicto, comenzando a perfilarse como nueva potencia mundial. En lo mercantil, obtuvo el asiento de negros, el monopolio de introducir esclavos negros en América española durante treinta años y el navío de permiso, autorización para enviar a América un navío con quinientas toneladas de mercancías, una puerta para romper el monopolio comercial con América. Por su parte, territorialmente conseguía Gibraltar y Menorca para controlar el Mediterráneo occidental.

España fue la gran perdedora. A cambio del reconocimiento de Felipe V como rey se cedieron los territorios flamencos e italianos.

Desde el final de la Guerra de Sucesión hasta 1730, la política exterior de Felipe V se orientó hacia la recuperación de las posesiones en Italia. A esta política contribuyó Isabel de Farnesio, segunda esposa de Felipe V, que aspiraba a que sus hijos ocupasen tronos italianos. Pero los intentos de dominar Sicilia y Cerdeña fracasaron. Lo que no consiguió España de forma solitaria lo logró incorporándose al sistema de alianzas europeos mediante los Pactos de Familia con Francia, denominados así por el parentesco entre ambas Casas Reales. Eran tratados de ayuda y defensa mutua. Con Felipe V se firmarían dos. El primero en 1733, que involucró a España en la Guerra de Sucesión polaca (1733-1738) al lado de Francia contra

Austria. Gracias a esa alianza, Felipe V obtuvo el Reino de Nápoles y Sicilia para su hijo el infante Carlos, futuro Carlos III.

El segundo Pacto de Familia (1743) llevó a España a participar en la guerra de Sucesión de Austria (1741-1748), proporcionando el ducado de Parma para el infante Felipe.

Los Decretos de Nueva Planta

«Considerando haber perdido los reinos de Aragón y Valencia y todos sus habitantes por la rebelión que cometieron, faltando enteramente así al juramento de fidelidad que me hicieron [...], todos los fueros, privilegios, exenciones y libertades que gozaban y que con tan liberal mano se les habían concedido, sí por mí como por los señores reyes mis predecesores, en esta monarquía se añade ahora la del derecho de conquista [...] y considerando también que uno de los principales tributos de la soberanía es la imposición y derogación de las leyes [...] he juzgado por conveniente, sí por esto como por mi deseo de reducir todos mis reinos a la uniformidad de unas mismas leyes, usos, costumbres y tribunales, gobernándose igualmente por las leyes de Castilla, [...] abolir y derogar enteramente [...] todos los referidos fueros y privilegios, prácticas y costumbres hasta aquí observadas en los referidos reinos de Aragón y Valencia, siendo mi voluntad que éstos se reduzcan a las leyes de Castilla [...]».

Decreto de abolición de los fueros de Aragón y Valencia (1707)

La articulación y organización del territorio constituye un asunto de capital importancia en la Historia de España. Durante la Edad Moderna, desde los Reyes Católicos hasta los Borbones, se produjo una evidente tensión entre la centralización defendida por la Corona y el mantenimiento de los ordenamientos jurídicos propios de los territorios de la Corona de Aragón.

La centralización está muy relacionada con el nacimiento y desarrollo del Estado moderno a partir de la crisis bajomedieval, primero a través de la Monarquía autoritaria, y luego en el intento de establecer el absolutismo.

Los Reyes Católicos, una vez alcanzado el poder, levantaron un aparato institucional centralizador a través de la creación de los Consejos, que los Austrias desarrollaron plenamente. Nacía pues una sofisticada administración, nutrida por juristas formados en las Universidades.

La centralización del poder siempre encontró fuertes resistencias en la Corona de Aragón, con una tradición de gobierno pactista, es decir, por la necesidad de llegar a acuerdos entre las instituciones representativas estamentales —Cortes y sus Diputaciones— con la Corona. Los Austrias intentaron socavar esta situación. Procuraron aplicar instituciones comunes, siendo el ejemplo más notorio el de la Inquisición moderna en Aragón, que causó fuertes resistencias, dependiendo, como la castellana, de una institución central, el Consejo de la Inquisición. También se enfrentaron con algunas instituciones que velaban por el respeto de los fueros, como fue el caso de Felipe II contra el Justicia de Aragón en relación con el asunto de Antonio Pérez. Por fin, el conde-duque de Olivares en el siglo XVII intentó imponer un modelo centralizador a través de la Unión de Armas. El objetivo principal del valido era que el rey dejara de serlo de los distintos reinos para serlo de España. Pero también pretendía que todos los territorios contribuyesen al esfuerzo fiscal y militar. Aunque los intentos de resistencia durante la época de los Austrias serían reprimidos, nunca se abolieron los fueros de esos territorios, es decir, que la pulsión centralista tuvo sus límites.

Pero la nueva dinastía borbónica trajo un cambio fundamental en la organización territorial de la Monarquía, porque supuso el triunfo del centralismo absoluto y uniformador en España.

Con Felipe V los reinos y territorios de la Corona de Aragón vieron abolidos sus fueros e instituciones cuando fueron derrotados en la guerra de Sucesión. Se implantó un modelo absoluto y centralista, que no había existido anteriormente en la Monarquía Hispánica, un conglomerado de Estados y Reinos con sus instituciones y ordenamientos jurídicos propios. Parece evidente que los Decretos de Nueva Planta se impusieron como represalia por la oposición de estos reinos al nuevo rey, pero no cabe duda que el primer Borbón tenía muy claro que había que establecer una nueva forma de administrar la Monarquía, en línea con lo que había implantado Luis XIV, aunque adaptada a las peculiaridades españolas.

Los Decretos de Nueva Planta suprimieron las instituciones y fueros de los reinos de la Corona de Aragón. En 1707 se implantó el primero de ellos sobre Aragón y Valencia, después de la batalla de Almansa. En 1715 se promulgó el Decreto que se aplicó a Mallorca, que pudo conservar algunas instituciones. Por fin, año siguiente, se dictó el Decreto de Nueva Planta para Cataluña, que vio respetado su derecho civil.

El ánimo centralizador borbónico no llegó a las provincias vascas ni a Navarra, porque ambos territorios habían sido fieles al rey.

Desapareció la figura del virrey, sustituida por la de capitán general, que aunaba competencias gubernativas con otras militares. Se establecieron las Audiencias, encargadas de asesorar al capitán general e impartir justicia. Lo más genuinamente francés fue la figura del intendente, también aplicada en Castilla, un funcionario encargado del gobierno de las Intendencias, aunque se respetaron a los corregidores.

Otro aspecto fundamental en la centralización borbónica sería el fiscal. Se impuso un sistema de contribución única. Cada reino debía recaudar una cantidad fija, según su peso demográfico y riqueza: la Talla (Mallorca), la Contribución Única (Aragón), el Catastro (Cataluña), y el Equivalente (Valencia).

La uniformidad llegó también al idioma, con la implantación del castellano como única lengua administrativa.

El Dos de Mayo

«Señores Justicias de los pueblos a quienes se presentase este oficio de mí el Alcalde de Móstoles:

Es notorio que los franceses apostados en las cercanías de Madrid y dentro de la Corte, han tomado la defensa, sobre este pueblo capital y las tropas españolas; de manera que en Madrid está corriendo a esta hora mucha sangre; como españoles es necesario que muramos por el Rey y por la Patria, armándonos contra unos pérfidos que so color de amistad y alianza nos quieren imponer un pesado yugo, después de haberse apoderado de la Augusta persona del Rey; procedamos pues, a tomar las activas providencias para escarmentar tanta perfidia, acudiendo al socorro de Madrid y demás pueblos y alentándonos, pues no hay fuerzas que prevalezcan contra quien es leal y valiente, como los Españoles lo son».

Móstoles, 2 de mayo de 1808.
Andrés Torrejón Simón Hernández

El reinado de Carlos IV se caracterizó por una profunda crisis económica, provocando un evidente malestar social. Por otro lado, la política del despotismo ilustrado se frenó como consecuencia de la Revolución francesa por el miedo al posible contagio de las ideas revolucionarias.

Floridablanca estableció una política de control y censura para evitar todo contacto. España, además, entró un ciclo bélico con dos fases: una primera, protagonizada por la guerra contra la Francia revolucionaria (1793-1795), y luego, a partir de 1796 hasta 1808, en alianza con Napoleón, con enfrentamientos contra Inglaterra.

La España de Carlos IV entró en serios problemas a comienzos del siglo XIX. En primer lugar, el sistema de gobierno se había desprestigiado. Sus figuras más importantes eran los reyes Carlos IV y María Luisa de Parma, y sobre todo el todopoderoso valido Manuel Godoy. Por otro lado, Godoy había emprendido una política desamortizadora de ciertos bienes de la Iglesia para intentar solucionar la crisis financiera del Estado, provocada por las guerras enemistándole con la Iglesia.

Otro de los factores que explican el descontento en la España del momento fue la subordinación de la política exterior a las necesidades de Napoleón. Una de las consecuencias más graves de este alineamiento fue la derrota de Trafalgar (1805), en la que la armada hispano-francesa cayó ante la británica, y que puso la casi total destrucción de la flota española, necesaria para el mantenimiento del Imperio. En 1807, España y Francia firmaron el Tratado de Fontainebleau, que permitió la entrada de las tropas francesas para ocupar el reino de Portugal, aliado de Gran Bretaña y contrario al bloqueo continental decretado por el emperador de los franceses.

La política de Godoy generó una fuerte oposición, aglutinada en torno a un grupo conocido como fernandino, integrado por nobles y clérigos favorables al príncipe Fernando. Este partido preparó una conspiración contra el rey en la que estaba implicado el propio Fernando, el conocido como proceso de El Escorial (1807), pero que fracasó. Esta conspiración puso de manifiesto las miserias de la familia real: el propio Fernando pidió perdón por haber conspirado contra su padre, el rey.

La crisis se agudizó con el nuevo año. Entre los días 17 y 18 de marzo de 1808 aconteció el motín de Aranjuez, que obligó a Godoy a abandonar el poder, y a Carlos IV a abdicar en su hijo Fernando. El motín tuvo una apariencia de protesta popular, pero el partido fernandino estuvo implicado en su organización.

Las caídas de Godoy y de Carlos IV no solucionaron los problemas. Las tropas napoleónicas, asentadas en España, comenzaron a ser mal vistas por el pueblo, al comprobarse que las intenciones del emperador eran las de ocupar las ciudades y lugares estratégicos del país, además del ataque a Portugal. En esa intensa primavera, Napoleón decidió intervenir en los conflictos en el seno de la familia real y convocó a sus miembros a una reunión en Bayona. En los últimos días del mes de abril, tanto Carlos y María Luisa como Fernando, se congregaron en dicha ciudad francesa.

El día 2 de mayo de 1808, ante la salida de los últimos miembros de la familia real, el pueblo madrileño se alzó contra las tropas francesas. El ejército francés, al mando de Murat, reprimió duramente el levantamiento, con un saldo de cientos de muertos.

Mientras ocurrían estos acontecimientos, en Bayona Napoleón había obligado a Carlos IV y a Fernando VII a renunciar al trono y cederlo a su hermano mayor, José Bonaparte. Las abdicaciones de Bayona dejaron claras las verdaderas intenciones del emperador.

La insurrección madrileña se contagió a muchas ciudades y pueblos por toda España. En los lugares donde se dieron levantamientos se publicaron bandos contra el invasor y se formaron juntas para organizar el gobierno y la defensa. Aunque hay un evidente componente popular en estas revueltas, también hay que destacar que un grupo importante de cargos de la Monarquía formaron parte de las juntas y organizaron la defensa frente a las tropas francesas.

El levantamiento sorprendió a los franceses, que no pudieron ocupar ciudades importantes como Gerona, Zaragoza o Valencia, sometiéndolas a sitios. Empezó una guerra que no solo fue de Independencia frente a Napoleón, sino que también enfrentó a españoles entre los que apoyaron el gobierno josefino (los afrancesados) y los que no deseaban la dominación francesa, defensores del absolutismo o liberales. La guerra de la Independencia precipitó el largo proceso de revolución liberal en España, y que tendría en las Cortes de Cádiz y la Constitución de 1812 uno de sus momentos iniciales y fundamentales.

Las Cortes de Cádiz y la Constitución de 1812

«Los diputados que componen este Congreso, y que representan la Nación española, se declaran legítimamente constituidos en Cortes generales y extraordinarias, y que reside en ellas la soberanía nacional.

Las Cortes generales y extraordinarias de la Nación española, congregadas en la real isla de León, conformes en todo con la voluntad general, pronunciada del modo más enérgico y patente, reconocen, proclaman y juran de nuevo por su único y legítimo rey al Señor D. Fernando VII de Borbón; y declaran nula y de ningún valor ni efecto la cesión de la corona que se dice hecha a favor de Napoleón, no solo por la violencia que intervino en aquellos actos injustos e ilegales, sino principalmente por fallarle el consentimiento de la nación.

No conviniendo queden reunidos el Poder legislativo, el ejecutivo y el judiciario, declaran las Cortes generales y extraordinarias que se reservan el ejercicio del poder legislativo en toda su extensión [...]».

Real Isla de León,
24 de septiembre de 1810.

La iniciativa de la convocatoria de unas Cortes «generales y extraordinarias» partió de la Junta Central, aunque fue llevada a cabo por el Consejo de Regencia, que sustituyó a la Junta en enero de 1810 y se estableció en Cádiz.

La elección de los diputados no fue fácil por la situación bélica. Los diputados que no pudieron asistir tuvieron que ser sustituidos por otros presentes en Cádiz. Los diputados que representaban a las distintas partes de América fueron elegidos entre personas procedentes de las colonias, presentes en Cádiz. Esta ciudad era de las más avanzadas de España por su apertura al mundo exterior, gracias al comercio y su puerto. El ambiente que se respiraba era el de los refugiados —la ciudad estaba sitiada—, el de un constante debate político en sus cafés y periódicos. Esta situación influyó para que triunfase la postura liberal en las Cortes.

Los diputados representaron distintas sensibilidades políticas. Un sector defendía el mantenimiento de las estructuras políticas, económicas y sociales del Antiguo Régimen. Un segundo grupo proponía una cámara única que asumiera la representación de la soberanía nacional, elaborara una constitución que recogiera los avances propuestos en la Revolución francesa, y legislara para establecer un conjunto de profundos cambios. Este grupo era el de los liberales, el que terminaría triunfando. Por fin, un tercer grupo pretendía una especie de término medio entre lo que proponían los dos grupos anteriores, entre el absolutismo y el modelo constitucional, teniendo más como modelo el sistema político británico. Pero al final, en los debates terminaron por perfilarse dos grandes facciones: la absolutista y la liberal.

El origen social de los diputados también mostraba la diversidad y complejidad social española del momento. Había miembros de los estamentos privilegiados: nobles y muchos eclesiásticos. También había representantes de la burguesía y la pequeña nobleza urbana: servidores del Estado (funcionarios, militares y magistrados), profesionales liberales (abogados, médicos, escritores, etc.) y comerciantes. Algunos nobles, como el conde de Toreno, fueron destacados liberales. Muchos eclesiásticos, como Muñoz Torrero o Martínez Marina, fueron padres de la Constitución.

La labor legislativa de las Cortes fue enorme y representó una clara ruptura con la situación política, social y económica española del Antiguo Régimen.

El primer Decreto de las Cortes, del 24 de septiembre de 1810, ya supuso el primer cambio radical, ya que estableció que la soberanía residía en la nación y que las Cortes asumían su representación. Las Cortes proclamaron también el principio de igualdad ante la ley, lo que suponía el fin de la sociedad estamental, basada en la desigualdad jurídica. Se reconocía, además, la igualdad de españoles y americanos, con el fin de dar una respuesta a los primeros movimientos independentistas en las colonias.

Las reformas planteadas por las Cortes de Cádiz abarcaron todas las cuestiones: libertad de imprenta, supresión de la tortura, abolición de la Inquisición, de los señoríos jurisdiccionales y de la estructura político-administrativa de la Monarquía; además, se implantó la desamortización de los bienes de la Iglesia, una nueva división provincial, la creación de diputaciones provinciales, la reforma de la hacienda y la libertad económica.

El 23 de diciembre de 1810 se creaba la comisión encargada de elaborar un proyecto de Constitución. El proceso se desarrolló en medio de un intenso debate sobre el modelo que se quería para España. Tras año y medio de discusión, la Constitución se promulgó el 19 de marzo de 1812.

La Constitución consagró la soberanía nacional, junto con el reconocimiento de derechos individuales y de la igualdad ante la ley.

En la parte orgánica se estableció que el poder legislativo correspondería a las Cortes unicamerales, el poder ejecutivo quedaba en manos el rey y de su Gobierno por él designado, y el poder judicial sería independiente en los tribunales. El rey promulgaba las leyes aprobadas por las Cortes, y tenía el derecho al veto transitorio.

La religión católica fue consagrada como la única de la nación española. Supuso una de las concesiones de los liberales a los absolutistas.

Se establecía el sufragio universal masculino para la elección de los diputados de las Cortes, pero para ser candidato era necesario disponer de rentas propias. Se creaba la Milicia Nacional, cuerpo de civiles armados para la defensa del orden constitucional.

Se proclamaba la libertad económica, con supresión de los gremios, la abolición de los señoríos, la libertad para cercar las tierras, la libertad de industria y de contratación y un programa de desamortización de las tierras colectivas o de manos muertas.

La Constitución de 1812 apenas pudo aplicarse en plena guerra, y después a causa de la abolición de Fernando VII. Pero su espíritu y su letra fueron referencia constante durante todo el siglo XIX, al convertirse en una especie de mito del liberalismo.

El pronunciamiento de Riego

«Soldados, mi amor hacia vosotros es grande. Por lo mismo yo no podía consentir, como jefe vuestro, que se os alejase de vuestra patria, en unos buques podridos, para llevaros a hacer una guerra injusta al nuevo mundo; ni que se os compeliese a abandonar a vuestros padres y hermanos, dejándolos sumidos en la miseria y la opresión. [...]. España está viviendo a merced de un poder arbitrario y absoluto, ejercido sin el menor respeto a las leyes fundamentales de la nación. El rey, que debe su trono a cuantos lucharon en la guerra de la Independencia, no ha jurado, sin embargo, la Constitución; la Constitución, pacto entre el monarca y el pueblo, cimiento y encarnación de toda nación moderna. La Constitución española, justa y liberal, ha sido elaborada en Cádiz entre sangre y sufrimiento. Mas el rey no la ha jurado y es necesario, para que España se salve, que el rey jure y respete esa Constitución de 1812».

Manifiesto de Riego, Cabezas de San Juan, 1 de enero de 1820

La situación política y económica de España a raíz de la restauración del absolutismo por parte de Fernando VII empeoró por las guerras de emancipación americana, que hundieron a la ya maltrecha Hacienda, sin que salieran adelante los intentos de reforma de la misma por parte de Martin y Garay. Los ministros duraban muy poco en el cargo, dominando la política realmente una camarilla alrededor de un monarca voluble. Los escándalos se sucedían, como el de la compra de once barcos rusos en 1817 para enviar a Rusia y que, abandonados en Cádiz, resultaron inservibles. La situación de la Monarquía absoluta se encontraba en un verdadero callejón sin salida.

En este contexto, los liberales iniciaron una larga serie de pronunciamientos Los liberales eran conscientes de que su debilidad se debía a la falta de apoyo popular, por lo que vieron en los militares la única salida para tomar el poder. Durante el Sexenio Absolutista llegó a haber hasta ocho pronunciamientos, pero solamente el de enero de 1820 tuvo éxito. Efectivamente, el 1 de enero de dicho año se sublevó el ejército acantonado en Las Cabezas de San Juan (Sevilla), dirigido por el teniente coronel Rafael del Riego, que debía marchar a América. Aunque al principio Riego no consiguió apoyos y parecía que su pronunciamiento iba a ser otro fracaso, la revolución se extendió por diversas ciudades andaluzas y del resto de España, por lo que Fernando VII se vio obligado a jurar la Constitución de 1812 el 7 de marzo.

El rey formó un Gobierno con destacados liberales, como Agustín Argüelles como ministro de la Gobernación o José Canga Argüelles en Hacienda. Las medidas que se adoptaron iban encaminadas a construir un sistema de libertades políticas: libertad de presos políticos, supresión de la Inquisición, vuelta a sus cargos a las autoridades constitucionales en ayuntamientos y diputaciones provinciales, convocatoria de elecciones a Cortes y creación de la Milicia Nacional.

Los liberales pretendían establecer profundas reformas políticas y económicas, según el modelo de la Constitución de 1812. En esta época hubo un apogeo de la prensa y de las sociedades patrióticas, especie de clubes abiertos en los que se debatían de cuestiones políticas, económicas y sociales, con ciertas vinculaciones con la Masonería. Pero este ímpetu liberal se encontró con dos grandes enemigos: las potencias absolutistas europeas, que no estaban dispuestas a tolerar esta experiencia liberal que estaba contagiándose a otros lugares de Europa, en plena época de la Restauración, y la actitud contraria de Fernando VII, que conspiraba para derribar el sistema constitucional.

Paralelamente a la llegada al Gobierno de los liberales resucitó el movimiento juntero. Frente al liberalismo institucional se desarrolla otro de base más popular. Este hecho fue determinante para que en el seno del liberalismo se fueran formando dos grandes tendencias que, con el tiempo, serían las dominantes en el liberalismo durante gran parte del siglo XIX.

Los liberales moderados pretendían establecer un compromiso con los antiguos grupos dominantes, y con el monarca para asentar un programa mínimo de reformas. Eran partidarios del bicameralismo, con un Senado aristocrático para frenar el posible radicalismo de una sola cámara, del sufragio censitario, de fortalecer el poder ejecutivo del rey y de controlar a la prensa.

Por su parte, los liberales exaltados pretendían el regreso pleno a la Constitución de 1812, con un programa más ambicioso de reformas, en una línea más popular. Defendían la existencia de una sola cámara, como establecía la Constitución de Cádiz, y no eran partidarios de fortalecer el poder del rey. Por fin, defendían la existencia de la Milicia Nacional.

El abrazo de Vergara

«Art. 1 °. El capitán general Don Baldomero Espartero recomendará con interés al gobierno el cumplimiento de su oferta de comprometerse formalmente a proponer a las Cortes la concesión o modificación de los fueros.

Art. 2°. Serán reconocidos los empleos, grados y condecoraciones de los generales, jefes y oficiales y demás individuos dependientes del ejército del mando del teniente general Don Rafael Maroto, quien presentará las relaciones con expresión de las armas a que pertenecen, quedando en libertad de continuar sirviendo y defendiendo la Constitución de 1837, el trono de Isabel II y la Regencia de su Augusta Madre, o bien retirarse a sus casas los que no quieran seguir con las armas en la mano..».

Boletín Oficial de Pamplona,
jueves 5 de septiembre de 1839

El carlismo fue un movimiento político cuyos orígenes se sitúan en la época del Trienio Liberal con la Regencia de Urgell y la guerra de los *malcontents* en Cataluña, pero su desarrollo se produjo tras la crisis sucesoria de 1832 y la muerte del rey Fernando VII, al año siguiente.

El carlismo, como opción dinástica, apoyaba las pretensiones al trono de Carlos María Isidro, hermano de Fernando VII, frente a la línea sucesoria femenina representada por Isabel II.

El carlismo defendía el mantenimiento de las estructuras absolutistas y del Antiguo Régimen, en oposición a la Revolución liberal, iniciada en Cádiz y con el Trienio Liberal. Por otro lado, el carlismo suponía una cierta idealización del mundo rural frente al urbano e industrial, difundiéndose mejor en el primero que en el segundo. Por fin, el carlismo suponía la defensa de las instituciones y fueros tradicionales vascos, navarros y catalanes frente a las pretensiones liberales de uniformidad política y jurídica de España, aunque hoy se relativiza, en cierta medida, la vinculación automática entre carlismo y foralismo.

El carlismo tuvo una base social heterogénea. En primer lugar, destacó el apoyo de una parte del clero, que percibía el liberalismo como enemigo de la religión. Después estaría la pequeña y mediana nobleza, especialmente, del norte de España, y por fin, parte del pequeño campesinado, que veía amenazada su situación económica por las reformas liberales encaminadas hacia el fortalecimiento de la mediana y gran propiedad, y el fin de las tierras comunales.

En cuanto al ámbito geográfico, el carlismo arraigó fundamentalmente en las zonas rurales de las tres provincias vascas, de Navarra, parte de Aragón, en la Cataluña interior y en el Maestrazgo.

El carlismo desencadenó tres conflictos armados, que representaron hechos fundamentales en la historia contemporánea española. La primera guerra carlista tuvo lugar entre 1833 y 1840, y fue la más violenta de todas ellas, con devastadores episodios de crueldad en las retaguardias.

Los primeros brotes armados estallaron al día siguiente de la proclamación de Isabel como reina de España, terminado el mes de septiembre de 1833. Hubo levantamientos en forma de partidas rurales organizadas por Zumalacárregui. En noviembre ya había guerra abierta en el País Vasco y el norte de Cataluña. A estas zonas se sumaron partidas de guerrilleros en Aragón, el Maestrazgo, Galicia, Asturias y La Mancha. Esta fase de la guerra, de fuerte iniciativa carlista, finalizó con la muerte de Zumalacárregui en el asedio de Bilbao en julio de 1835.

La segunda etapa de la guerra discurrió entre julio de 1835 y octubre de 1837. Destacaron las expediciones del general Cabrera, pero la acción más espectacular de esta fase fue la Expedición Real, encabezada por Carlos María Isidro. Su objetivo era imponer un pacto a la regente María Cristiana en un momento de debilidad ante la sublevación de La Granja. Las tropas carlistas llegaron a las puertas de Madrid en septiembre de 1837, pero Espartero obligó a los carlistas a retirarse.

De octubre de 1837 a agosto de 1839 tuvo lugar la tercera etapa de la guerra. En el seno del carlismo surgió una división entre los más conservadores (apostólicos), destacando entre ellos el obispo de León, y los más moderados, con el general Maroto como principal líder, partidarios de negociar y llegar a un acuerdo honroso. Esta fue la postura que terminó por triunfar, lo que permitió firmar el *Convenio de Vergara* el 29 de agosto de 1839, entre los generales Espartero y Maroto. En él se prometía el mantenimiento de los fueros vascos y el reconocimiento de los oficiales del ejército carlista. Para un importante sector fue considerado una traición.

El rechazo de este acuerdo por el sector apostólico prolongó la guerra en Cataluña y Aragón hasta la derrota definitiva de Cabrera en Morella, en junio de 1840.

El conflicto carlista tuvo importantes repercusiones, comenzando por su alto coste en vidas humanas. Por otro lado, supuso la definitiva inclinación de la Corona hacia el liberalismo. El agrupamiento de los absolutistas en torno a la causa carlista convirtió a los liberales en el único apoyo al trono de Isabel II. La guerra reforzó el protagonismo de los militares en la política española como elementos fundamentales para la defensa del sistema liberal. Los generales se acomodaron al frente de los partidos y se erigieron en árbitros de la política, utilizando, además, el recurso del pronunciamiento.

La guerra supuso enormes gastos, que situaron a España en serios apuros fiscales. Estas dificultades condicionaron la orientación de ciertas políticas, como la desamortización de Mendizábal, ya que terminaron por primar las necesidades financieras del Estado sobre cualesquiera otras.

En relación con la cuestión foral, conviene señalar que en 1834 Canga Argüelles había establecido que las provincias vascas y Navarra serían consideradas como «provincias exentas», llamadas así por las peculiaridades de su sistema fiscal. El Convenio de Vergara respetó, en principio, los fueros y ese especial sistema fiscal, pero para terminar con ciertas ambigüedades en 1841 se aprobó la Ley Paccionada, que establecía que las Diputaciones Forales asumirían las funciones de las Diputaciones Provinciales. Pero la tensión con el acusado centralismo no se despejó.

La Revolución Gloriosa

«Españoles; la ciudad de Cádiz puesta en armas, con toda su provincia, con la Armada anclada en su puerto [...], declara solemnemente que niega su obediencia al gobierno de Madrid, segura de que es leal intérprete de todos los ciudadanos [...]. Queremos que una legalidad común por todos creada tenga implícito y constante el respeto de todos. Queremos que el encargado de observar la Constitución no sea su enemigo irreconciliable [...]. Queremos que un gobierno provisional que represente todas las fuerzas vivas del país asegure el orden, en tanto que el Sufragio Universal eche los cimientos de nuestra regeneración social y política. Contamos para realizar nuestro inquebrantable propósito con el concurso de todos los liberales unánimes y compactos ante el común peligro; con el apoyo de las clases acomodadas, que no querrán que el fruto de sus sudores siga enriqueciendo la interminable serie de […] favoritos; con los amantes del orden, si quieren verlo establecido sobre las firmísimas bases de la moralidad y del derecho; con los ardientes partidarios de las libertades individuales […]; con el apoyo de los ministros del altar [...]; con el pueblo todo [...]. Españoles: [...] Acudid a las armas, no con el impulso del encono, siempre funesto; no con la furia de la ira, siempre débil, sino con la solemne y poderosa serenidad con que la justicia empuña su espada. ¡Viva España con honra!».

Cádiz, 19 de septiembre de 1868. Duque de la Torre, Juan Prim, Domingo Dulce, Francisco Serrano Bedoya, [...], Juan Topete.

Durante estos últimos años del reinado de Isabel II se produjeron varios hechos que hacían presagiar el final del mismo. En primer lugar, era notorio el desprestigio de la propia reina y de la Corte. En abril de 1865 se produjo la famosa «noche de San Daniel». Ante un artículo de Emilio Castelar que criticaba a la reina por no haber cedido su patrimonio para reducir la deuda pública, este fue separado de su cátedra, provocando la repulsa de los universitarios y una fuerte represión. En enero de 1866 tuvo lugar la sublevación del general Prim, que fracasó, mientras que en junio estalló la sublevación del cuartel de San Gil, fuertemente reprimida.

El Pacto de Ostende, firmado en 1866, unió a progresistas y demócratas contra el sistema isabelino. A la muerte de O'Donnell, los unionistas se incorporarían al mismo. En 1868 moría Narváez, y la reina perdía a su principal valedor.

El 17 de septiembre de 1868 la revolución se iniciaba con la sublevación del almirante Topete en Cádiz, apoyado por Prim (progresista) y Serrano (Unión Liberal). El movimiento se extendió por toda España con levantamientos populares y organización de juntas revolucionarias locales. Serrano venció al ejército gubernamental en Alcolea, y la reina partió hacia Francia. Se constituyó un Gobierno Provisional, presidido por el general Serrano, que convocó elecciones a Cortes Constituyentes por sufragio universal para enero de 1869. Pero bajo la aparente unidad de los protagonistas de la revolución había dos grandes bloques sociopolíticos. Por un lado, estaban los progresistas, unionistas y demócratas moderados, cuya base social estaba formada por la clase media que se identificaba con los planteamientos del Gobierno Provisional, aspirando a un cambio meramente político con un régimen más abierto y representativo que el isabelino, pero sin planteamientos sociales radicales. Por otro lado, se encontraban los republicanos, escindidos del Partido Demócrata. Contaban con el apoyo popular. Pretendían cambios políticos más profundos, como el establecimiento de la República y la defensa de un programa de reformas socioeconómicas profundas. Sus propuestas coincidían con las de las juntas revolucionarias, disueltas por el Gobierno provisional.

Los votantes ofrecieron la mayoría absoluta a las fuerzas gubernamentales: unionistas, progresistas y demócratas monárquicos, con 236 escaños. Lejos quedaron los republicanos y los carlistas, con 80 y 20 diputados, respectivamente. De estas Cortes resultaría la Constitución de 1869, la primera democrática española. Se reconocía una avanzada declaración de derechos individuales: derecho a la participación política, sufragio universal masculino, libertad de imprenta, libertad de culto —aunque la nación estaría obligada a mantener el culto y a los ministros de la religión católica—, derecho de reunión y de asociación. Claramente se establecía la soberanía nacional. El sistema político se sustentaría en una nítida división de poderes, siendo el legislativo bicameral. La forma de Gobierno de España seguía siendo la Monarquía, pero las Cortes, como máximo órgano representativo de la nación, tendrían toda la función legislativa y de control al Gobierno, limitándose el poder de la Corona, al contrario de lo que ocurría en el régimen isabelino de soberanía compartida.

Aprobada la Constitución, Serrano fue nombrado regente, y Prim, jefe del Gobierno. Los objetivos eran buscar un monarca, y frenar la insurrección en Cuba iniciada en 1868, además de las sublevaciones de los republicanos, desengañados por la falta de soluciones para la cuestión social y por el establecimiento de una Monarquía.

Constitución de 1876. La Restauración

Art. 11. La religión Católica, Apostólica, Romana es la del Estado. La Nación se obliga a mantener el culto y sus ministros.

Nadie será molestado en el territorio español por sus opiniones religiosas ni por el ejercicio de su respectivo culto, salvo el respeto debido a la moral cristiana.

No se permitirán, sin embargo, otras ceremonias ni manifestaciones públicas que las de la religión del Estado. [...]

Art. 13. Todo español tiene derecho:

De emitir libremente sus ideas y opiniones, ya de palabra, por escrito, valiéndose de la imprenta o de otro procedimiento semejante, sin sujeción a la censura previa.

De reunirse pacíficamente.

De asociarse para los fines de la vida humana [...].

Art. 18. La potestad de hacer las leyes reside en las Cortes con el Rey.

Art. 19. Las Cortes se componen de dos Cuerpos Colegisladores, iguales en facultades: el Senado y el Congreso de los Diputados.

Art.20. El Senado se compone de senadores por derecho propio; de senadores vitalicios nombrados por la Corona; de senadores elegidos por las corporaciones del Estado y mayores contribuyentes [...].

Art. 50. La potestad de hacer ejecutar las leyes reside en el Rey […].

Fragmento de la Constitución de 1876.
Madrid, 30 de junio de 1876

Después del pronunciamiento de Martínez Campos en diciembre de 1874, Alfonso XII, hijo de Isabel II, es proclamado rey.

Cánovas buscó la estabilización de la vida política, recogiendo el sentir de la burguesía. En primer lugar, había que terminar con los dos grandes conflictos bélicos heredados de la época anterior: la tercera guerra carlista y la guerra de los Diez Años en Cuba. En 1876 se termina la guerra carlista, con la marcha a Francia del pretendiente Carlos VII. En 1878 finaliza la guerra de los Diez Años en Cuba.

En segundo lugar, esa estabilización se basaría, como veremos, en la elasticidad de una nueva constitución, y en la integración en el sistema de los dos partidos que representaban las dos corrientes del liberalismo español, a través del mecanismo del turnismo. Y por fin, la estabilización pasaría por la consolidación del poder civil sobre el militar, relegando al ejército a los cuarteles y evitando su intervención.

Cánovas diseñó un nuevo sistema político, basado en la solidez para superar la inestabilidad anterior. Para ello, buscaría la inspiración en el modelo político inglés, con la alternancia de dos grandes partidos, y con la consolidación de dos instituciones fundamentales: Monarquía y Parlamento, a pesar de las evidentes diferencias entre ambos países.

La nación, para Cánovas, era una creación histórica configurada en el tiempo. De su experiencia histórica surgiría una constitución interna propia. La Historia habría convertido a la Monarquía y a las Cortes en instituciones fundamentales de la constitución interna de la nación española. Por consiguiente, las dos debían ejercer la soberanía conjuntamente. Como se observa, Cánovas retomaba los principios del liberalismo doctrinario en relación con la soberanía compartida.

Siguiendo el modelo bipartidista inglés, Cánovas pretendía que la labor del Gobierno recayese, en exclusiva, en dos partidos, alternándose en el poder y en la oposición, evitando las consecuencias de inestabilidad que se habían derivado del cuasi monopolio del poder por parte de los moderados en el reinado de Isabel II. Otra cuestión es cómo fue el funcionamiento real de la alternancia en el poder, que se basaba en la manipulación electoral, especialmente cuando se aprobó en 1890 el sufragio universal. Para formar el sistema de partidos organizó el Partido Conservador y obtuvo la colaboración de Sagasta para formar el Partido Liberal. Fuera del sistema quedarían los republicanos y los carlistas.

Se reunieron Cortes Constituyentes después de unas elecciones. El resultado fue la aprobación de una Constitución de signo moderado basada en la del 45, pero con algunas aportaciones de la del 69. Esta Constitución de 1876 estuvo en vigor hasta el golpe de Miguel Primo de Rivera en 1923.

Se trataría de un texto caracterizado por la elasticidad, es decir, con un articulado poco preciso que le hacía compatible con gobiernos distintos. Se podrían variar leyes sin cambiar la Constitución y eso daría estabilidad, algo de lo que se había carecido con otras constituciones anteriores mucho más rígidas.

Se proclamaba la soberanía compartida entre la Corona y las Cortes. La declaración de derechos sería semejante en apariencia a la de 1869, pero se limitaba a reconocerlos y dejaba la regulación concreta de su ejercicio a leyes posteriores. Esto permitió a los gobiernos limitar o anular los derechos por ley. En general, los conservadores los restringían, y los liberales los ampliaban, cuando ejercían el poder.

Después de un duro debate parlamentario se impuso la opinión de Cánovas en materia religiosa: el catolicismo como religión oficial del Estado y la prohibición de las manifestaciones públicas de otras religiones, aunque se reconoció la libertad individual de culto.

La Corona conservaba amplias prerrogativas según la tradición moderada: mantendría el poder ejecutivo, tendría potestad legislativa con las Cortes, nombraba y separaba libremente a los ministros, sancionaba y promulgaba leyes, convocaba, disolvía y suspendía las Cortes, que eran bicamerales. El Senado tendría un carácter elitista y conservador con senadores vitalicios por derecho propio (nobles, clero, altos funcionarios, etc.), senadores vitalicios de nombramiento regio, y senadores elegidos por los mayores contribuyentes y las corporaciones. El Congreso de los Diputados sería electivo, en principio por sufragio censitario, aunque luego, como hemos visto, se cambió.

Cánovas construyó un sistema político en principio duradero, aunque cada vez más alejado de la realidad social, y que comenzó a sufrir una profunda crisis a partir del Desastre del 98, que se amplió durante el reinado de Alfonso XIII por su incapacidad para democratizarse plenamente.

La fundación del PSOE

«Considerando que esta sociedad es injusta porque divide a sus miembros en dos clases desiguales y antagónicas: una, la burguesía, que poseyendo los instrumentos de trabajo es la clase dominante; otra, el proletariado, que no poseyendo más que su fuerza vital es la clase dominada. Que la sujeción económica del proletariado es la causa primera de la esclavitud en todas sus formas: la miseria social, el envilecimiento intelectual y la dependencia política. Que los privilegios de la burguesía están garantizados por el Poder Político del cual se vale para dominar al proletariado […]. El Partido Socialista tiene por aspiración: Primero: La posesión del poder político por la clase trabajadora. Segundo: La transformación de la propiedad individual o corporativa de los instrumentos de trabajo (la tierra, las minas, los transportes, las fábricas, etc.) en propiedad común de la sociedad entera […]. En suma, el ideal del Partido Socialista es la completa emancipación de la clase trabajadora. Es decir, la abolición de todas las clases sociales y su conversión en una solo de trabajadores libres e iguales, honrados e inteligentes […]».

Manifiesto fundacional del Partido Socialista Obrero Español. 20 de julio de 1879

El origen del PSOE debe entenderse en la división entre anarquistas y socialistas en el movimiento obrero español, en relación con la Primera Internacional. Desde el primer congreso celebrado en Barcelona en 1870, la Federación española de la AIT planteó la imposibilidad de relacionarse con los partidos existentes, considerado como burgueses. La mayoría catalana en el Congreso impuso su orientación anarquista. La Federación intentó sobrevivir en medio de la represión emprendida por Sagasta, alarmado por la Comuna de París. Se prohibieron sus reuniones, se cerraron periódicos y muchos líderes fueron detenidos. Más complicado sería ilegalizar AIT, porque el Supremo se lo impidió alegando que era una medida anticonstitucional. En diciembre de 1871 llegó a España el yerno de Marx, Paul Lafargue, al poco tiempo de la derrota de la Comuna, con el fin de que el marxismo prosperase en el movimiento obrero español. Contactó con miembros madrileños de la AIT como Pablo Iglesias, que en 1870 había sido nombrado por los tipógrafos madrileños, junto con otros dos compañeros, delegado del consejo local de la Internacional. Lafargue escribió una serie de artículos en *La Emancipación* donde defendió la necesidad de que se creara un partido político de la clase obrera.

En 1872 se celebró el Congreso de Zaragoza, que fue disuelto por el Gobierno. Al poco tiempo, la Federación Madrileña expulsó al núcleo marxista de la capital, que fundó la Nueva Federación Madrileña. El golpe de Pavía y la posterior dictadura de Serrano fueron letales para todas las organizaciones obreras, fueran del signo que fueran. En enero de 1874 se decretó la disolución de la Internacional. En ese mismo año, Iglesias sería elegido para dirigir la Asociación General del Arte de Imprimir, y comenzó a madurar la idea de fundar un partido.

El Partido Socialista Obrero Español nació el día 2 de mayo de 1879 en la madrileña calle de Tetuán, en una fonda a espaldas de la Puerta del Sol. En aquella taberna se reunieron veinticinco personas: dieciséis tipógrafos —el núcleo principal del nuevo partido—, dos joyeros, un marmolista, un zapatero, cuatro médicos y un doctor en Ciencias. En ese mismo día se nombró una comisión organizadora dirigida por Pablo Iglesias. Hasta su muerte, acaecida en 1925, lideró el partido. El manifiesto y el programa de la nueva formación política reclamaban la emancipación de los trabajadores, la instauración de la propiedad social y la posesión del poder político por parte de la clase obrera.

El 23 de junio de 1888, la Comisión Ejecutiva del Congreso Nacional Obrero de Barcelona, compuesta por Toribio Reoyo, José Garrigó, José Borrell, Luis Rosal, Martín Rodríguez, Salvador Ferrer, Tomás Florensa, y Juan Boixadé, aprobó la convocatoria para la celebración de dicho Congreso. Entre el 12, 13 y 14 de agosto de ese año se celebró dicho congreso, donde nació la Unión General de Trabajadores, cuyo nombre fue propuesto por el propio Pablo Iglesias. En ese mismo mes se celebró también el primer Congreso del PSOE en la capital catalana. El socialismo español creaba dos organizaciones, una dedicada a la lucha política, y la otra a la económico-social, buscando la emancipación obrera como fin último.

Durante mucho tiempo el PSOE desarrollaría una estrategia política de fuerte enfrentamiento con las fuerzas republicanas, al considerar que eran burguesas. A partir de la aprobación del sufragio universal en 1890 participaría en las elecciones legislativas y municipales. Comenzarían por contar con ediles en el País Vasco, y más tarde en más ciudades, incluyendo Madrid. El primer impacto del socialismo español en la sociedad española tendría que ver con la celebración del primero de mayo, y con su activa campaña contra la Guerra de Cuba y Filipinas, criticando tanto el militarismo como la injusticia de que a la guerra fueran solamente los hijos de las clases trabajadoras. El salto a la política nacional se daría a raíz de la creación de la Conjunción Republicano-Socialista, que cambió la estrategia del Partido al acercarse a los republicanos, como respuesta a la intensa represión que desarrolló Antonio Maura a raíz de la Semana Trágica, y como un intento de cambiar el régimen político a través de las urnas. Pablo Iglesias sería elegido diputado en 1910.

El desastre del 98

«Los doctores de la política y los facultativos de cabecera estudiarían, sin duda, el mal; discurrirán sobre sus orígenes, su clasificación y sus remedios; pero el más ajeno a la ciencia que preste atención a asuntos públicos observa este singular estado de España; dondequiera que se ponga el tacto, no se encuentra el pulso [...].

Hay que dejar la mentira y desposarse con la verdad; hay que abandonar las vanidades y sujetarse a la realidad, reconstituyendo todos los organismos de la vida nacional sobre los cimientos, modestos, pero firmes, que nuestros medios nos consienten, no sobre las formas huecas de un convencionalismo que, como a nadie engaña, a todos desalienta y burla...

El efecto inevitable del menosprecio de un país respeto de su poder central es el mismo que en todos los cuerpos vivos produce la anemia y la decadencia de la fuerza cerebral; primero, la atonía, y después, la disgregación y la muerte [...].

Si pronto no se cambia radicalmente de rumbo, el riesgo es infinitamente mayor, por lo mismo que es más hondo, y de remedio imposible, si se acude tarde [...]».

Francisco Silvela. Artículo en El Tiempo,
16 de agosto de 1898

A finales del siglo XIX, España vivió una profunda crisis que tuvo como detonante las guerras de independencia colonial de Cuba (1895-1898) y de Filipinas (1896-1898). El origen de estos conflictos debe hallarse en la política llevada a cabo por los partidos dinásticos, que bloquearon todo tipo de reformas en las colonias. La mayoría de políticos españoles era contraria a otorgar algún tipo de autonomía a Cuba, porque se consideraba equivalente a la independencia. Maura intentó un plan de reformas coloniales en 1893, pero las Cortes se opusieron. Esta tajante actitud provocó que aumentasen los partidarios de la independencia en Cuba. Por otro lado, estarían los intereses expansionistas de los Estados Unidos, especialmente en el Caribe.

En 1895 estalla la revuelta con José Martí, el Partido Revolucionario Cubano, y los generales Máximo Gómez y Antonio Maceo como protagonistas. La contienda adquiere un fuerte contenido revolucionario porque muchos insurrectos eran campesinos impulsados por el partido de Martí. Pero este muere al poco tiempo, en combate.

España envió a Martínez Campos para que intentara emplear la misma estrategia que puso fin a la guerra de los Diez Años, pero en vista de que no se obtenían claros resultados, se cambió la estrategia por una línea dura en la figura del general Weyler, que pretendió una victoria sin cesiones. Pero esta opción no progresó tampoco, optándose a partir de 1897 por una línea de negociación. A la muerte de Cánovas en ese año, el nuevo Gobierno de

Sagasta envió a Ramón Blanco, que decretó la autonomía y una amnistía, pero fueron medidas que llegaban tarde, porque Estados Unidos estaba decidido a intervenir.

Casi simultáneamente al conflicto cubano, estalló una sublevación en Filipinas, una colonia formada por un archipiélago casi olvidado por la administración española, con unos recursos naturales mal aprovechados. La presencia española se circunscribía casi únicamente a las órdenes religiosas. El levantamiento fue duramente reprimido, fusilándose a José Rizal. La insurrección parecía dominada en diciembre de 1897, cuando Estados Unidos decidió intervenir pactando con los rebeldes y atacando la escuadra española.

Los Estados Unidos participaron en la guerra de Cuba por sus intereses económicos, especialmente, los de la American Sugar Refining Company. Antes de intervenir militarmente, los EEUU realizaron gestiones para resolver el conflicto a su favor, incluida una oferta de compra a España de la isla. El pretexto para intervenir sería la voladura del Maine, crucero norteamericano fondeado en el puerto de La Habana. Estados Unidos dio un ultimátum a España: no se declararía la guerra a menos que renunciara a la soberanía sobre Cuba en el plazo de tres días. El Gobierno español, apoyándose en una campaña de patriotismo belicista de la prensa, se lanzó a una guerra para la que el país no estaba preparado.

La flota española fue aniquilada en Santiago de Cuba. En Cavite (Filipinas) la flota sufriría otra gran derrota.

La guerra terminó con el Tratado de París de diciembre de 1898. España perdía Cuba, que fue ocupada provisionalmente por EEUU, y cedía Puerto Rico, Guam y las Filipinas. Posteriormente, España vendería a Alemania las Palao, Marianas y Carolinas. Era el fin del Imperio español. España solo conservaba enclaves en África.

Las repercusiones del Desastre del 98 fueron importantes para España. En primer lugar, por la pérdida de vidas por la guerra y las enfermedades. Hay que tener en cuenta, además, que la mayor parte de los soldados pertenecían a las clases populares, ya que las clases acomodadas se libraban del servicio militar mediante un pago en metálico.

Las pérdidas económicas alteraron las finanzas españolas y los precios. En todo caso, hubo una consecuencia positiva: la repatriación de capitales.

Aunque no se generó una crisis política inmediata, el desastre colonial puso de manifiesto las carencias del sistema político de la Restauración. España se había quedado sin pulso, como expresó Silvela.

La pérdida del Imperio provocó una crisis cultural de gran trascendencia, de la que surgió la Generación del 98, así como de una conciencia crítica que exigía una profunda regeneración política, económica e ideológica de la vida española. No solo se ponían en cuestión los pilares del sistema político de la Restauración, sino incluso la propia identidad de España.

El nacimiento de la CNT

«[…] Inspirados en el más puro criterio, con la mira puesta en el ideal de unidad y de integridad humana, resolved los asuntos a la orden del día del congreso; cread una organización extensa y poderosa que recoja todas las iniciativas individuales y reúna la fuerza y la inteligencia del número, y mereceréis la aprobación y el aprecio fraternal de vuestros compañeros. Salud».

Anselmo Lorenzo. Final de su comunicado al congreso fundacional de la CNT. 1910

La Confederación Nacional del Trabajo (CNT) nació de la unión de sociedades obreras, entre el 30 de octubre y el 1 de noviembre de 1910 en Barcelona, en el segundo congreso de la Solidaridad Obrera. Su importancia en la Historia del movimiento obrero y en la propia de España hasta el final de la Guerra Civil es incuestionable.

El anarcosindicalismo comenzó a gestarse a finales del siglo XIX en Francia, con Émile Pouget, y luego con la Federación de Bolsas de Trabajo, liderada por el periodista Fernand Pelloutier, que se transformaría en la Confederación General del Trabajo (CGT) en 1902. El anarcosindicalismo rechazaba el terrorismo practicado por una parte del anarquismo, pero también el individualismo libertario. En el Congreso de Amiens de 1906 se aprobó la trascendental *Carta de Amiens*, que planteaba la importancia del sindicato como grupo de producción y distribución para la construcción de una nueva sociedad. Se defendía la acción económica —la huelga general— contra la patronal, obviando la lucha política.

Pues bien, estas ideas calaron en el seno de parte del sindicalismo español cuando en agosto 1907 se creó la Solidaridad Obrera en Barcelona. En principio unió a sindicalistas de signo anarquista con otros socialistas y sectores republicanos, aunque terminarían predominando los primeros. Los socialistas no podían aceptar que se creara un sindicato que pudiera competir con la UGT. En esto se llegó al Segundo Congreso, aplazado por la Semana Trágica, donde nacería la Confederación, tomándose además una serie de acuerdos: la adopción de las ideas del sindicalismo revolucionario y cuestiones reivindicativas, entre las que destacarían la jornada de ocho horas, el fin del trabajo a destajo y el establecimiento del salario mínimo. La CNT comenzó no siendo muy grande, ya que se calcula que las sociedades obreras que la crearon representaban unos treinta mil obreros aproximadamente.

Aunque los socialistas se habían apartado, es cierto que la CNT no quiso ser beligerante con la UGT, y en distintos momentos intentó el acercamiento y hasta la fusión.

La nueva CNT sería ilegalizada muy pronto a raíz de una huelga general, pero eso impidió que desapareciera hasta su legalización en 1913. A partir del Congreso de 1915, que tuvo lugar en El Ferrol, se inició su expansión por el resto de España. La situación económica y social que padeció España a raíz de la Gran Guerra constituyó un factor evidente para el vertiginoso crecimiento de la CNT. Se estaba configurando como una organización de masas, muy potente en Cataluña, extendiéndose por el levante valenciano y murciano, Andalucía, parte de Asturias y Aragón.

Los extremos problemas de la carestía de la vida producidos por la conflagración mundial, provocaron el primer y quizás más intenso acercamiento entre la CNT y la UGT, que convocaron una exitosa jornada de huelga general de 24 horas en diciembre de 1916, y establecieron una unidad de acción para llegar a una huelga general en 1917, que estudiaremos en un punto concreto.

En el Congreso de Sans de 1918 se aprobaría la reorganización en sindicatos únicos por oficios de un ramo industrial.

En 1919 la CNT tuvo un gran papel con la huelga de la Canadiense, de tanta trascendencia en la Historia del movimiento obrero, en relación con la jornada de las ocho horas. La fuerza incontestable de la CNT, que seguía multiplicando su militancia, llevó a la patronal catalana a organizarse para intentar desarticularla con el empleo del *lock-out* y el recurso a la violencia, con la expansión del fenómeno del pistolerismo, junto al de la tristemente famosa Ley de Fugas por parte de las autoridades, provocando la reacción de los grupos de acción anarquista y de la CNT, con su defensa de la acción directa y el sabotaje, así como al rechazo de todo tipo de arbitraje, como se estableció en el congreso de La Comedia en 1919, generándose un clima de violencia que no cesaría hasta el golpe de Primo de Rivera.

La indiscutible influencia de la Revolución rusa llevará a la CNT a vincularse a la III Internacional, pero solamente hasta 1922, dadas las evidentes diferencias del anarcosindicalismo con el comunismo.

Destacados líderes de la CNT fueron Ángel Pestaña, Salvador Seguí, entre otros.

La crisis de 1917

«[...] la afirmación hecha por el proletariado al demandar como remedio a los males que padece España un cambio fundamental de régimen político, ha sido corroborada por la actitud que sucesivamente han ido adoptando importantes organismos nacionales, desde la enérgica afirmación de la existencia de las Juntas de Defensa del Arma de Infantería, [...] hasta la Asamblea de Parlamentarios celebrada en Barcelona el día 19 de julio, y la adhesión a las conclusiones de esa Asamblea de numerosos ayuntamientos, que dan público testimonio de las ansias de renovación que existen en todo el país. [...] El proletariado español se haya decidido a no asistir ni un momento más pasivamente a este intolerable estado de cosas. [...] Los ferroviarios españoles no están solos en la lucha. Los acompaña todo el proletariado, organizado en huelga desde el día 13. Y esta magna movilización del proletariado no cesará hasta no haber obtenido las garantías suficientes de iniciación del cambio del Régimen, necesario para la salvación de la dignidad y del decoro nacionales. Pedimos la constitución de un gobierno provisional que asuma los poderes ejecutivos y moderador y prepare, previas las modificaciones imprescindibles en una legislación viciada, la celebración de elecciones sinceras de unas Cortes constituyentes que aborden, en plena libertad, los problemas fundamentales de la constitución del país.

Mientras no se haya conseguido este objetivo, la organización obrera española se halla absolutamente decidida a mantenerse en su actitud de huelga. Ciudadanos, no somos instrumentos de desorden, como en su impudicia nos llaman con frecuencia los gobernantes que padecemos. Aceptamos una misión de sacrificio por el bien de todos, por la salvación del pueblo español, y solicitamos vuestro concurso. ¡Viva España!».

Francisco Largo Caballero, Daniel Anguiano,
Julián Besteiro y Andrés Saborit.
Madrid, 12 de agosto de 1917

La neutralidad española en la Gran Guerra favoreció a la economía española, puesto que las necesidades de los contendientes estimularon la demanda de productos agrarios e industriales. Pero esta situación no fue tan favorable para los trabajadores, ya que la masiva exportación provocó un alza de precios y la carencia de productos básicos. El deterioro de la capacidad adquisitiva de los obreros generó una fuerte conflictividad social que afectó al sistema.

En 1913 regresaron los conservadores al poder de la mano de Eduardo Dato, provocando la escisión de los seguidores de Maura, los mauristas. Pero también los liberales se dividieron en varios grupos, siguiendo a distintos líderes: el conde de Romanones, García Prieto y Santiago Alba. Esta disgregación interna de los partidos dinásticos aumentó la inestabilidad. Se rompía así el turnismo. Los Gobiernos entre 1913 y 1917 fueron débiles, recurriéndose al cierre periódico de las Cortes, así como a la aprobación de decretos para poder gobernar al margen del Parlamento. Esta situación contribuyó cada vez más al desprestigio del sistema. La oposición al mismo comenzó a exigir una reforma profunda en un sentido democrático.

En el verano de 1917 la situación estalló en una crisis múltiple: militar, política y social.

La crisis militar estuvo protagonizada por las Juntas de Defensa. El Ejército empezó a cuestionar el sistema, interviniendo en la vida política. Entre los militares había surgido un gran malestar desde la derrota de 1898, acentuado por el auge de los regionalismos y las críticas a su funcionamiento y eficacia. Reaccionó con fuerza y consiguió la aprobación de la Ley de Jurisdicciones (1906). A la altura de 1916 el malestar había crecido ante los bajos salarios por la generalizada subida de precios y, especialmente, a causa de la política de ascensos que premiaba a los militares del ejército de Marruecos, discriminando a los que servían en unidades peninsulares. Este malestar militar contra el Gobierno provocó la creación de dichas Juntas, especie de asociaciones sindicales que defendían los intereses económicos y profesionales del cuerpo. Presionaron al poder civil, que terminó por legalizarlas, acentuando la autonomía e injerencia militar en la vida política española.

Como respuesta al clima de inestabilidad y crisis, Dato decretó la censura de prensa y la suspensión de las garantías constitucionales y de las Cortes. Ante estas medidas autoritarias y en medio de grandes protestas, Cambó, dirigente de la Lliga Regionalista, convocó en Barcelona en julio una Asamblea de Parlamentarios, a la que asistieron parlamentarios republicanos, regionalistas, algunos liberales y Pablo Iglesias. Estos parlamentarios pretendían que se convocaran Cortes Constituyentes, la aplicación de un programa reformista y que se respetase la realidad plurinacional de España. Pero la heterogeneidad ideológica de la Asamblea y el rechazo de las Juntas de Defensa, que se situaron al lado del Gobierno, facilitaron la disolución de la Asamblea.

La tensa situación social favoreció el acercamiento de la CNT y la UGT en 1916, convocando con éxito una huelga general de 24 horas en diciembre. Cuando Dato regresó al poder en junio de 1917 no se vio comprometido con las promesas hechas, por lo que el movimiento obrero consideró la necesidad de llevar a cabo una huelga general, aunque los socialistas desde Madrid deseaban esperar a que se tuviera éxito frente a la actitud de la CNT de Barcelona de convocarla inmediatamente. El 19 de julio estalló una huelga ferroviaria en Valencia, y se desencadenó un proceso huelguístico que arrastró a los socialistas a pesar de la cautela que pidió Pablo Iglesias, redactándose el manifiesto que incluimos. La movilización se extendió por Asturias, País Vasco, Madrid y Cataluña, pero no contó con el apoyo de los parlamentarios críticos ni con el de las Juntas de Defensa. El propio ejército se encargó de la represión con dureza de la huelga.

Dato volvió a formar gobierno y logró contener la crisis, gracias al apoyo del Ejército y de gran parte de los parlamentarios de la Asamblea, temerosos de la revolución social. Pero realmente, la crisis había demostrado la incapacidad del sistema para ampliar sus bases sociales y democratizarse. La conflictividad social se agudizó en un contexto de crisis económica. La guerra de Marruecos agravó aún más la situación.

Golpe de Miguel Primo de Rivera

"Al país y al ejército españoles: Ha llegado para nosotros el momento más temido que esperado (parque hubiéramos querido vivir siempre en la legalidad y que ella rigiera sin interrupción la vida española) de recoger las ansias, de atender el clamoroso requerimiento de cuantos amando a la Patria no ven para ella otra solución que libertarla de los profesionales de la política, de los que por una u otra razón nos ofrecen el cuadro de desdichas e inmoralidades que empezaron en el año 98 y amenazan a España con un próximo fin trágico y deshonroso […]. No tenemos que justificar nuestro acto, que el pueblo sano demanda e impone […]. En virtud de la confianza y mandato que en mí han depositado, se constituirá en Madrid un Directorio Militar con carácter provisional encargado de mantener el orden público […]. Para esto, y cuando el ejército haya cumplido las órdenes recibidas […] buscaremos al problema de Marruecos solución pronta, digna y sensata […]. La responsabilidad colectiva de los partidos políticos la sancionaremos con este apartamiento total a que los condenamos […].

Miguel Primo de Rivera. Capitán General de la IV Región. La Vanguardia, Barcelona, 13 de septiembre de 1923

El día 13 de septiembre de 1923, el capitán general de Cataluña, Miguel Primo de Rivera, mandó ocupar los servicios telefónicos de Barcelona y leyó un comunicado ante los periodistas, dando un golpe de estado incruento. A los dos días, el rey, de vacaciones en San Sebastián, regresaba a Madrid. Ante la pretensión del Gobierno de destituir a los sublevados, Alfonso XIII dilata su respuesta. Al final, decidió mandar formar Gobierno a Primo de Rivera, convertido ya en dictador militar único. Para gobernar formaría un Directorio Militar compuesto por generales.

Al parecer no hay pruebas de una implicación directa del rey, pero es evidente su pasividad inicial y el nulo apoyo que prestó al Gobierno legítimo. Se trataría de la culminación de su tendencia favorable hacia la participación de los militares en la política desde la aprobación de la Ley de Jurisdicciones. Alfonso XIII temía que la crisis del sistema terminara por acabar con la institución monárquica.

La Dictadura se convierte en la solución autoritaria ante la quiebra del sistema político de la Restauración. El sistema político fue incapaz de renovarse desde dentro, después de los fracasos de los intentos regeneracionistas de conservadores (Antonio Maura) y liberales (José Canalejas), y de los experimentos de los Gobiernos de concentración nacional. Por otro lado, la fuerte inestabilidad social desde la crisis de 1917 había movilizado a la burguesía, especialmente a la catalana, en esos años de enfrentamiento con el anarcosindicalismo. El Ejército era partidario del orden público y de terminar con cualquier veleidad que cuestionase el centralismo. Por fin, el fracaso de la política en Marruecos y el escándalo provocado por el Desastre de Annual, con la consiguiente investigación, y que apuntaba a lo más alto, desencadenó el proceso.

No cabe duda que, además, el golpe triunfó ante la pasividad del movimiento obrero, indiferente hacia la caída de un sistema político considerado caduco y perjudicial.

Aunque es evidente la coincidencia en el tiempo con el triunfo del fascismo italiano, la Dictadura no se pareció al nuevo movimiento político. Primo de Rivera no fue una figura con el carisma de Mussolini, carecía de una ideología más o menos articulada, y no encabezó ningún partido o movimiento, aunque luego sí creó un partido propio.

La Dictadura suspendió la Constitución de 1876, aunque no la derogó. Más bien parecía que el golpe, en principio, sería una solución transitoria.

Los objetivos del régimen se podrían ilustrar con la frase: «menos política y más administración». La actuación gubernamental no fue planteada desde un programa político bien definido, sino más bien como el resultado de la improvisación. En todo caso, la Dictadura pervivió seis años, gracias a una serie de éxitos iniciales: mantenimiento del orden público —aunque a través de una evidente represión— y la resolución de la guerra de Marruecos. Tampoco debe olvidarse que en esos momentos comenzaba un ciclo económico internacional de expansión.

El 14 de abril de 1931

«Al país: las elecciones celebradas el domingo me revelan claramente que no tengo el amor de mi pueblo. Mi conciencia me dice que ese desvío no será definitivo, porque procuré siempre servir a España, y puse el único afán en el interés público hasta en las más críticas coyunturas.

Un rey puede equivocarse, y sin dura erré yo alguna vez; pero sé bien que nuestra patria se mostró en todo momento generosa con las culpas sin malicia.

Soy el rey de todos los españoles, y también un español. Hallaría medios sobrados para mantener mis regias prerrogativas, en eficaz forcejeo con quienes las combaten. Pero resueltamente, quiero apartarme de cuanto sea lanzar a un compatriota contra otro en fratricida guerra civil. No renuncio a ninguno de mis derechos, porque más que míos son depósito acumulado por la Historia, de cuya custodia ha de pedirme un día cuenta rigurosa.

Espero a conocer la auténtica y adecuada expresión de la conciencia colectiva, y mientras habla la nación suspendo deliberadamente el ejercicio del poder real y me aparto de España, reconociéndola así como única señora de sus destinos [...]».

Manifiesto de despedida de Alfonso XIII,
13 de abril de 1931.

Alfonso XIII quiso restablecer el sistema constitucional, una vez que dimitió Primo de Rivera, pero los Gobiernos del general Dámaso Berenguer y del almirante Aznar fueron incapaces de resucitar lo que ya había muerto en 1923. Incluso algunos políticos monárquicos rechazaron la política del monarca y se alejaron de él.

Al margen del sistema, los partidos políticos de la oposición firmaron el Pacto de San Sebastián el 17 de agosto de 1930, integrado por republicanos y autonomistas catalanes y gallegos. Después se incorporaron los socialistas y, en cierta medida, el anarcosindicalismo. Sus objetivos eran instaurar la República y establecer la autonomía catalana.

Pero la Monarquía no cayó por esta presión, sino por los resultados de las urnas. Se convocaron elecciones municipales y generales. No llegaron a celebrarse las segundas porque en las primeras, celebradas el 12 de abril de 1931, los monárquicos fueron derrotados en las ciudades por una renovada Conjunción Republicano-Socialista. Aquellas elecciones se plantearon como un plebiscito entre Monarquía y República. Ante la victoria republicana en cuarenta y una de las cincuenta capitales de provincia, el rey decidió abandonar el país.

La proclamación de la República desde el balcón del Ministerio de la Gobernación (Puerta del Sol) el 14 de abril de 1931 fue una fiesta popular. Amplios sectores de la población española celebraban un cambio político significativo acompañado con gran ilusión y esperanza.

Se constituyó un Gobierno provisional presidido por Niceto Alcalá-Zamora, un antiguo político de la monarquía que había evolucionado hacia el republicanismo de centro-derecha y había participado en el Pacto de San Sebastián. El gobierno estaba integrado por un amplio espectro político: Niceto Alcalá-Zamora y Miguel Maura por la Derecha Liberal Republicana; Alejandro Lerroux y Diego Martínez Barrio del centrista Partido Radical; Manuel Azaña y Marcelino Domingo, líderes de partidos republicanos de izquierda; Fernando de los Ríos, Indalecio Prieto y Francisco Largo Caballero por el PSOE; Santiago Casares Quiroga, republicano gallego; y Nicoalu d'Olwer, republicano catalán.

El Gobierno fijó la fecha del 28 de junio para la celebración de elecciones a Cortes Constituyentes con la misión de elaborar y aprobar una nueva Constitución.

Pero desde el primer momento, la República tuvo que enfrentarse a todo tipo de problemas, provenientes tanto de los enemigos de la misma —la Iglesia y la derecha monárquica— como de sus potenciales partidarios, pero más radicales, los catalanistas y las clases populares.

El mismo día de la proclamación de la República en Madrid, Francesc Macià proclamaba en Barcelona el Estado Catalán, que se encuadraría en una República federal o confederal, aunque en realidad hizo varias declaraciones. Este hecho generó un problema al Gobierno provisional y podría haber desencadenado reacciones adversas del Ejército. El final del conflicto fue más rápido de lo esperado, gracias a las negociaciones emprendidas por algunos ministros desplazados a Barcelona. Macià puso fin a esta república ante el compromiso del gobierno de buscar una solución autonómica para Cataluña.

Por su parte, comenzaron los problemas con la Iglesia. La alta jerarquía eclesiástica estuvo muy vinculada a la Monarquía. En oposición, el republicanismo español mantenía posiciones anticlericales, aunque algunos de sus representantes, como Alcalá-Zamora o Miguel Maura eran declarados católicos. El primer conflicto surgió con la máxima autoridad eclesiástica española, el primado cardenal Segura, quien en una pastoral del 1 de mayo atacó a la República y exaltó al monarca. El Gobierno exigió la dimisión del cardenal, pero la Iglesia cerró filas en torno a su figura. También hubo otro conflicto con el obispo de Vitoria. Las relaciones entre el Gobierno y la Iglesia habían empezado mal.

Otro fenómeno que enrareció más las relaciones entre la Iglesia y el nuevo régimen fue el vandalismo anticlerical.

Constitución de 1931

«Art. 1°. España es un República democrática de trabajadores de toda clase, que se organiza en régimen de Libertad y de Justicia. Los poderes de todos sus órganos emanan del pueblo. La República constituye un Estado integral, compatible con la autonomía de los Municipios y las Regiones.

Art. 2°. Todos los españoles son iguales ante la ley.

Art. 3°. El Estado español no tiene religión oficial.

Art. 11°. Si una o varias provincias limítrofes, con características históricas, culturales y económicas, comunes, acordaran organizarse en región autónoma para formar un núcleo poliadministrativo, dentro del Estado español, presentarán su Estatuto […].

Art. 44°. Toda la riqueza del país, sea quien fuere su dueño, está subordinada a los intereses de la economía nacional [...] con arreglo a la Constitución y a las leyes [...]»

Fragmento de la Constitución de 1931

Uno de los textos más importantes de la historia constitucional española es, sin lugar a dudas, la Constitución de 193, porque creó un nuevo sistema político republicano (el anterior quedó en proyecto), además de presentar a los españoles una alternativa al modelo monárquico liberal-conservador establecido en la Constitución de 1876, y porque estuvo en la vanguardia del diseño de una moderna democracia en un contexto internacional donde la espiral totalitaria se iba haciendo cada vez más fuerte. En todo caso, también es conveniente recordar que no fue un texto de consenso, generando rechazo en una gran parte de los españoles, especialmente en lo que respecta al asunto religioso.

Las elecciones de junio de 1931 a Cortes Constituyentes tuvieron una gran participación, otorgando la victoria a las fuerzas republicano-socialistas. El partido más votado fue el PSOE, con 116 diputados, seguido por el Partido Radical con 90 escaños, aunque no podría ser considerado un partido de izquierdas. En conjunto, la izquierda obtuvo 279 escaños por 160 del centro-derecha.

La composición de las Cortes explica el carácter democrático y progresista del texto constitucional. Parece evidente la huella de los socialistas en la Constitución. Su discusión fue intensa y generó grandes debates fuera y dentro de la cámara, especialmente los relacionados con la religión y las autonomías.

La Constitución fue aprobada el 9 de diciembre de 1931.

En primer lugar, la Constitución proclamó una intensa y extensa declaración de derechos, comenzando por la más amplia definición de la igualdad que se había hecho hasta entonces en un texto constitucional español, siguiendo por el reconocimiento y garantía de las libertades clásicas y con muy pocas restricciones.

En segundo lugar, es fundamental, siguiendo el ejemplo mexicano de 1917 y alemán de Weimar de 1919, destacar el reconocimiento y garantía de los derechos sociales, definidos en el capítulo II del título III, y que plantearon el primer estado de bienestar en España. Aunque se reconocía el derecho a la propiedad, se ponía al servicio de los intereses generales. La educación y la cultura aparecían además, en este diseño, como prioridades del nuevo Estado.

La Constitución de 1931 proclamó la clara separación entre la Iglesia y el Estado. España dejaba de ser oficialmente católica, es decir, ya no era un Estado confesional. La religión quedaba en el ámbito particular, y se prohibió a la Iglesia ejercer la enseñanza.

Las Cortes adquirían gran poder y protagonismo, tanto en lo legislativo como en el control del ejecutivo. Constaría de una sola cámara elegida por sufragio universal. El Gobierno era responsable ante las Cortes, que podían retirarle su confianza en cualquier momento.

La Constitución de la República optó por intentar dar una respuesta a la diversidad de España, rompiendo con el centralismo, anclado en el Estado liberal, aunque sin llegar a la solución federal que se intentó en la Primera República y siendo muy categórica contra todo tipo de secesionismo.

En quinto lugar, España comprometía su política internacional a favor de la paz, dentro de los principios de la Sociedad de Naciones, vinculándose al derecho internacional.

Por fin, es fundamental señalar que dicha Constitución consagró el reconocimiento del sufragio femenino después de un intenso debate.

El sufragio femenino

«¡Las mujeres! ¿Cómo puede decirse que cuando las mujeres den señales de vida por la República se les concederá como premio el derecho a votar? ¿Es que no han luchado las mujeres por la República? ¿Es que al hablar con elogio de las mujeres obreras y de las mujeres universitarias no está cantando su capacidad? Además, al hablar de las mujeres obreras y universitarias, ¿se va a ignorar a todas las que no pertenecen a una clase ni a la otra? ¿No sufren éstas las consecuencias de la legislación? ¿No pagan los impuestos para sostener al Estado en la misma forma que las otras y que los varones? ¿No refluye sobre ellas toda la consecuencia de la legislación que se elabora aquí para los dos sexos, pero solamente dirigida y matizada por uno? ¿Cómo puede decirse que la mujer no ha luchado y que necesita una época, largos años de República, para demostrar su capacidad? Y, ¿por qué no los hombres? ¿Por qué el hombre, al advenimiento de la República, ha de tener sus derechos y han de ponerse en un lazareto los de la mujer?»

Fragmento del discurso de Clara Campoamor
en las Cortes. 1 de octubre de 1931

La Dictadura de Primo de Rivera fue el primer régimen político español que planteó ciertos derechos de sufragio para la mujer. El Estatuto Municipal de 1924 estableció la posibilidad de que las mujeres pudieran votar y ser elegidas. Eso sí, las votantes tendrían que ser mujeres cabezas de familia. El Estatuto Provincial del año siguiente estableció el mismo derecho. En todo caso, nunca hubo elecciones a ninguno de estos dos niveles administrativos.

En las elecciones a Cortes Constituyentes de junio de 1931, ya proclamada la República, se reconoció a las mujeres el derecho a ser elegidas, aunque no a elegir. Diputadas fueron Clara Campoamor, Victoria Kent y Margarita Nelken.

Entre los intensísimos debates constitucionales, en los que se estaba perfilando un sistema político nuevo que pretendía ser una clara ruptura con todo lo anterior, estaría el del reconocimiento del derecho al sufragio femenino.

El debate sobre el artículo correspondiente comenzó el 30 de septiembre, y en el que se reconocía el derecho a votar a los hombres mayores de veintitrés años y a las mujeres a partir de los cuarenta y cinco. Ya Clara Campoamor cargó contra esta discriminación. El 1 de octubre intervino Victoria Kent, desaconsejando el reconocimiento del sufragio femenino por el momento, empleando un argumento que usó parte del republicanismo y la izquierda en el debate general que se suscitó en el país. Nos referimos a que la mujer, por la fuerte influencia de la Iglesia, que supuestamente ejercía sobre ella, podía hacer peligrar con su voto la estabilidad de la República. Para Victoria Kent, cuando la mujer se diera cuenta de las virtudes de la República se convertiría en su mayor defensora. Justo en esos momentos se había recibido en las Cortes un documento con un millón y medio de firmas de mujeres católicas en defensa de los derechos de la Iglesia en la futura Constitución, habida cuenta del marcado carácter laico que se estaba perfilando en su proyecto.

Clara Campoamor respondió intentando demostrar que en la campaña electoral había visto a las mujeres comprometidas con la República. La única manera de «madurarse» para el ejercicio de la libertad y hacerla accesible a todos era «caminar dentro de ella».

Al final se produjo la votación, saliendo reconocido el derecho de las mujeres en plano de igualdad con los hombres (veintitrés años) por 161 votos a favor por 121 en contra, pero con 188 abstenciones. Votó a favor el PSOE, ya que primó sobre el argumento clásico de la influencia de la Iglesia el reconocimiento de un derecho fundamental, aunque en contra estuvieron Indalecio Prieto y sus allegados. También votaron a favor los diputados de los grupos republicanos federales, progresistas, catalanistas, gallegos, y los diputados de la derecha minoritaria en la Cámara. En contra lo hicieron los grupos republicanos fuertes, es decir, Acción Republicana, el Partido Republicano Radical y el Partido Republicano Radical-Socialista, aunque con excepciones.

De esta manera, las mujeres españolas pudieron votar por vez primera en las elecciones del otoño de 1933.

El Frente Popular

«Los partidos republicanos Izquierda Republicana, Unión Republicana y el Partido Socialista, en representación del mismo y de la Unión General de Trabajadores, Federación Nacional de Juventudes Socialistas, Partido Comunista, Partido Sindicalista, Partido Obrero de Unificación Marxista, sin perjuicio de dejar a salvo los postulados de sus doctrinas, han llegado a comprometer un plan político común que sirva de fundamento y cartel a la coalición de sus respectivas fuerzas en la inmediata contienda electoral y de norma de gobierno que habrán de desarrollar los partidos republicanos de izquierda, con el apoyo de las fuerzas obreras, en el caso de victoria. Declaran ante la opinión pública las bases y los límites de su coincidencia política y además, la ofrecen a consideración de las restantes organizaciones republicanas y obreras por si estiman conveniente a los intereses nacionales de la República venir a integrar en tales condiciones el bloque de izquierdas que debe luchar frente a la reacción en las elecciones generales de diputados a Cortes [...]».

Extracto del programa del Frente Popular, 1936.

El Frente Popular fue un pacto de los partidos de izquierda republicana y obrera en España para concurrir juntos a las elecciones de febrero de 1936 sobre un programa común de gobierno. Su gestación comenzaría a raíz de la revolución de octubre de 1934. La represión ejercida con miles de muertos y presos, junto con la represión de tipo social y político con destituciones de cargos políticos, especialmente municipales, ejercieron como revulsivo para que las izquierdas entendiesen la necesidad de pactar. La unidad se convirtió en un factor clave si se quería arrebatar el poder a las derechas.

Pero el camino hacia la unidad no fue fácil, porque los partidos y sindicatos tenían diversas concepciones sobre la misma. Los partidos republicanos —Izquierda Republicana (Azaña), la Unión Republicana (Martínez Barrio) y el Partido Nacional Republicano (Sánchez Román)— defendían la idea del entendimiento con los socialistas, pero no veían conveniente ampliar el pacto hacia las organizaciones obreras a la izquierda del PSOE. La alianza era concebida como una forma de volver a la situación del bienio reformista.

En el PSOE se vivía un intenso debate entre dos posturas. El sector centrista, con Indalecio Prieto a la cabeza, estimaba la necesidad del pacto con los republicanos, en el mismo sentido que el defendido por estos, aunque incidiendo en la necesidad de proclamar una amnistía y profundizar en la reforma agraria. El sector más a la izquierda del socialismo español, representado por Largo Caballero y con el apoyo de la UGT, pretendía, en cambio, un frente obrero. Pero a medida que avanzaba el año 1935, este sector terminó por comprender que el pacto con los republicanos era necesario si se quería obtener la ansiada amnistía, pero en principio estos socialistas no estaban dispuestos a ir más allá de una alianza electoral.

El PCE propugnaba un frente obrero orgánico, la Alianza Obrera, con un programa de reformas radicales, en alianza con los republicanos.

La gestación del Frente Popular se dilató más de un año, hasta el 15 de enero de 1936. En el invierno de 1934-35 los republicanos entablaron conversaciones entre sí, y el 12 de abril anunciaron su unión electoral con un programa de gobierno. Antes, en enero, Azaña contactó con Prieto para insistir en la necesidad de establecer una conjunción republicano-socialista. En el PSOE se decidió escuchar a las bases sobre esta capital cuestión y se pasó una encuesta a las agrupaciones socialistas. Prieto se significó para conseguir la alianza. El Partido Comunista expuso públicamente su estrategia de la Alianza Obrera en junio.

En Cataluña, el proceso de unión tuvo su primera etapa en julio de 1935, cuando se firmó la Coalició d'Esquerres Catalanas, formada por la Esquerra Republicana, Acció Catalana Republicà, Partit Nacionalista Republicano Català y Unió Socialista.

Al margen de los partidos políticos se vivió una intensa actividad en pro de una alianza de toda la izquierda. El anarcosindicalismo optó por moderar sus ataques a los republicanos y socialistas, y cuando llegó el momento, a pesar de su defensa de la abstención activa, no hizo campaña contraria al Frente Popular.

El 14 de noviembre de 1935, Azaña propuso oficialmente a Prieto una conjunción. Dos días después el PSOE le respondió afirmativamente, con la condición de que el pacto incluyese a la izquierda obrera. El partido envió un programa a las organizaciones obreras como documento-base para la negociación de la alianza. Comenzaron las reuniones entre republicanos y socialistas. Estos representaban en estas reuniones no solo al partido, sino también a las organizaciones obreras, por lo que tenían que reunirse además con sus representantes. El PNR se retiró el 14 de enero por su resistencia a aceptar la presencia comunista. Al final se firmó el pacto y el programa entre Izquierda Republicana, Unión Republicana, PSOE, UGT, Federación Nacional de Juventudes Socialistas, PCE, Partido Sindicalista y el POUM.

El programa recogió la amnistía y la rehabilitación política de los presos políticos, restituyéndoles en sus cargos y responsabilidades, condiciones ineludibles para el PSOE y la izquierda obrera.

El 4 de febrero se constituía el *Front d'Esquerres* en Cataluña, con los grupos anteriores de la Coalició más el *Partit Comunista de Catalunya*, *Partit Català Proletari*, POUM y la *Unió de Rabassaires*.

El 16 de febrero la coalición venció en las elecciones. La ley electoral en vigor primaba las coaliciones frente a las minorías, por lo que la izquierda obtuvo 278 diputados, 131 las derechas, 10 el centro y otros 10 el PNV. Tres días después, Niceto Alcalá-Zamora ofrecía la presidencia del Gobierno a Manuel Azaña. El 3 de abril se inauguraron las Cortes.

El golpe de Estado del 18 de julio de 1936

«Una vez más, el Ejército unido a las demás fuerzas de la Nación, se ve obligado a recoger el anhelo de la gran mayoría de los españoles. Se trata de establecer el imperio del orden no solamente en sus apariencias externas, sino también en su misma esencia; para ello precisa obrar con justicia que no repara en clases ni categorías sociales, a las que ni se halaga ni se persigue, cesando de estar dividido el país en dos bandos, el de los que disfrutan del Poder y el de los que son atropellados en sus derechos. La conducta de cada uno guiará la de la autoridad, otro elemento desaparecido en nuestra Nación, y que es indispensable en toda colectividad humana. El restablecimiento del principio de autoridad exige inexcusablemente que los castigos sean ejemplares, por la seriedad con que se impondrán y la rapidez con que se llevarán a cabo, sin titubeos ni vacilaciones. Por lo que afecta al elemento obrero, queda garantizada la libertad de trabajo, no admitiéndose coacciones ni de una parte ni de otra. Las aspiraciones de patronos y obreros serán estudiadas y resueltas con la mayor justicia posible en un plan de cooperación, confiando en que la sensatez de los últimos y la caridad de los primeros, hermanándose con la razón, la justicia y el patriotismo sabrán conducir las luchas sociales a un terreno de comprensión con beneficios para todos y para el País.

> El que voluntariamente se niegue a cooperar [...] será el que primero y principalmente sufrirá las consecuencias. [...]. Para llevar a cabo la labor anunciada, [...].
>
> *Diario de Navarra, 19 de julio de 1936*

Al día siguiente de la victoria electoral del Frente Popular, Gil Robles —líder de la CEDA— y el general Franco —jefe del Estado Mayor— solicitan al presidente Alcalá-Zamora la declaración del estado de guerra. El presidente no accedió a dicha petición.

Se estaba viviendo una creciente polarización política y social. El clima de enfrentamiento y violencia estaba creciendo a gran velocidad. Se sucedieron acciones de tipo revolucionario, protagonizadas por obreros y jornaleros: huelgas, ocupaciones de tierras, etc., mientras que se aceleraron las conspiraciones, ya existentes desde el propio 14 de abril, de gran parte de la derecha con los militares, mientras el terrorismo falangista se dedicaba a desestabilizar mediante atentados contra líderes y locales de la izquierda.

Un grupo de militares conservadores y monárquicos, con la adhesión de gran parte de la derecha (falangistas, una parte de los cedistas, carlistas y monárquicos), preparaba, desde el triunfo del Frente Popular, una conspiración militar que contaba con el apoyo financiero de destacados empresarios, pero la iniciativa siempre fue de los militares. El coordinador de la conspiración fue, desde Navarra, el general Mola. El objetivo de la misma no fue la restauración de la Monarquía, sino la implantación de un régimen autoritario que no tendría por qué ser incompatible con una forma de república. En los primeros momentos no se definió el futuro claramente.

El 12 de julio era asesinado el teniente Castillo, de la Guardia de Asalto. En represalia, sus compañeros asesinaron al político Calvo Sotelo, destacado miembro de la derecha española. El pretexto para la sublevación militar estaba servido.

La sublevación se inició el 17 de julio en Ceuta y Melilla, cuando el general Franco llegó desde Canarias en el *Dragon Rapide*. Al día siguiente, la sublevación se extendió por España. En los primeros días la sublevación triunfa en el Protectorado de Marruecos, Canarias, Sevilla, Cádiz y Algeciras, Córdoba, Mallorca, Galicia, Oviedo, Castilla y León, Zaragoza, Álava y Navarra.

El fracaso del golpe en gran parte de España desencadenaría una guerra civil, cuyas causas son complejas y van más allá del corto plazo. En primer lugar, habría que hablar de las desigualdades económicas y sociales profundas, que provocaron la radicalización del movimiento obrero y que desbordaron a la República por la izquierda. La derecha consideró que la República había abierto la puerta a la anarquía o al comunismo internacional con la legislación social y la reforma agraria, acusando a la izquierda de querer la revolución. Por su parte, la izquierda consideraba que la derecha ponía fuertes obstáculos para la modernización del país, y que tenía grandes veleidades autoritarias.

Por otro lado, grandes sectores populares desarrollaron un acusado anticlericalismo al considerar a la Iglesia como una institución vinculada secularmente con los poderosos. La izquierda española planteó una radical separación entre la Iglesia y el Estado y generó una legislación laica. Para la Iglesia y la derecha, la República atacaba la religión católica, ya fuera con su laicismo, ya fuera a través del anticlericalismo popular.

La República planteó una solución autonómica para las regiones históricas, pero el Ejército consideraba que se estaba abriendo la puerta a la desmembración de España, a pesar de las limitaciones que imponía la Constitución a dichas autonomías.

La reforma agraria generó, por un lado, el miedo de los grandes latifundistas, pero no cubrió las expectativas del movimiento obrero, porque era demasiado lenta y garantista con los derechos de propiedad a través de indemnizaciones que no se podían abordar dada la penuria económica del Estado.

El creciente enfrentamiento político entre las derechas y las izquierdas provocó durísimas tensiones, con tentaciones de superar la democracia, ya por considerarse la apertura al caos, ya por creerse burguesa.

La influencia del contexto europeo de los años treinta es otro factor a tener en cuenta. Es innegable que la crisis de la República y el estallido de la guerra civil tienen que ver con la profunda crisis económica y política de los años treinta y la crisis de la democracia frente a los totalitarismos fascista y comunista.

El principio del franquismo

> «En el día de hoy, cautivo y desarmado el Ejército Rojo, han alcanzado las tropas nacionales sus últimos objetivos militares. La guerra ha terminado».
>
> El Generalísimo Franco. Burgos, 1 de abril de 1939

El régimen franquista perduró casi cuatro décadas, pero un régimen dictatorial, en el contexto occidental europeo, no hubiera sobrevivido durante tanto tiempo si no hubiera sido capaz de adaptarse a las circunstancias cambiantes, tanto en España como en el mundo. Franco fue un militar de escasa formación política. Es difícil hablar de ideología franquista como un conjunto articulado de ideas, sino más bien de un fuerte espíritu de mando y una gran habilidad para adaptarse cada momento a las circunstancias con el único objetivo de mantenerse en el poder y ejercerlo sin limitaciones. Franco nunca tuvo un gran proyecto político, aunque siempre rechazó cualquier forma política democrática, que consideraba que habría abierto la puerta al desorden y al triunfo de ideologías como el comunismo o el anarquismo.

Los grupos políticos que apoyaron la sublevación militar componían un abanico ideológico amplio, aunque siempre en la derecha política, y formaron las familias políticas posteriores: monárquicos (carlistas y juanistas, aunque estos terminarían por desligarse), los falangistas y los católicos (propagandistas y Opus Dei). Su alianza estaba basada fundamentalmente en su odio a la República y todo lo que ella conllevaba: laicismo, libertades, democracia, partidos políticos, autonomías o reforma agraria. Los aspectos comunes de estos sectores políticos fueron los siguientes: confesionalidad del Estado, implantación de un poder fuerte y centralizado sustentado en los principios de unidad de España, autoridad y jerarquía, e imposición de un orden social rígido, basado en la defensa de la familia y la propiedad privada.

El franquismo gozó de evidentes apoyos en amplios sectores sociales, ya fuera por su identificación con la defensa de los valores tradicionales de la sociedad, ya por su autoritarismo y restablecimiento del orden público. Entre ellos estaban los pequeños y medianos propietarios rurales, las clases medias urbanas y la oligarquía capitalista y empresarial.

El Ejército y la Iglesia constituyeron dos instituciones básicas del nuevo régimen. Su poder e influencia impregnaron todos los aspectos de la vida. El clero vio en el franquismo la protección frente al anticlericalismo. La Iglesia recibió todo tipo de prebendas y el control de la enseñanza. El Estado fue declarado oficialmente católico. El clero agradeció estos privilegios con una permanente propaganda a favor del régimen a través del nacionalcatolicismo.

Al terminar la guerra, el 9 de agosto de 1939, se publicó la Ley de la Jefatura del Estado, que aumentaba los poderes de Franco. Unos días después se publicaron los estatutos de la FET y de las JONS, en los que se extendía aún más el control de Franco sobre el partido único.

En los primeros años del franquismo se fue definiendo el sistema institucional del nuevo Estado. Se suprimieron todos los partidos. FET y de las JONS pasó, por su parte, a ser el Movimiento Nacional.

La profunda aversión hacia la democracia hizo que Franco renunciara al establecimiento de una constitución. En su lugar se fueron dictando las leyes fundamentales. La primera ley sería previa al término de la guerra, el Fuero del Trabajo (1938), de inspiración fascista. Después vendría la Ley Constitutiva de las Cortes (1942), que definía una cámara elegida por Franco y por sufragio indirecto de una serie de corporaciones (sindicatos, familias y municipios). Su función era la de refrendar las leyes presentadas por Franco y su Gobierno, sin control alguno. Este sistema se denominó «democracia orgánica». En 1945 se promulgó el Fuero de los Españoles, especie de declaración de derechos y deberes, aunque sin ninguna garantía. En ese mismo año salía la Ley del Referéndum Nacional, intentando dar una cierta apariencia democrática al otorgar a los españoles el derecho al voto, que podía ejercerse sobre determinados asuntos de Estado, aunque nunca se permitió la propaganda política contraria. Al año siguiente se estableció la Ley de Sucesión a la Jefatura del Estado. Ante la ofensiva diplomática y política de Juan de Borbón y los monárquicos sobre la necesidad de que el régimen dejara paso a una restauración monárquica, Franco reaccionó con esta ley que le permitía nombrar a su sucesor.

El Estado franquista puede ser calificado como policial militarizado. Las fuerzas del orden público se duplicaron en la década de los cuarenta. Los tribunales de justicia se militarizaron y se aplicó el Código de justicia militar (consejos de guerra) a los procesados. Decenas y decenas de miles de españoles fueron detenidos, torturados, clasificados en campos de concentración, juzgados, fusilados y encarcelados. Otro tipo de represión fue la económica. Muchos procesados y exiliados sufrieron la incautación de sus bienes y tuvieron que pagar penas pecuniarias. El tercer tipo de represión tiene que ver con la depuración de funcionarios y en la empresa privada.

Durante los años cuarenta se mantuvo un ambiente de delación, recelo y persecución por todo el país. Se establecieron redes de jefes de barrio y de casa por parte de miembros de la FET para vigilar a los no afectos del régimen y colaborar con la policía. Y no debemos olvidar la necesidad de avales para gestiones, trabajos o ante los juicios.

Se estableció la censura y se destruyeron o apartaron los libros y publicaciones que se consideraban peligrosos.

Los acuerdos entre España y Estados Unidos en 1953

«La firma del Concordato y de los acuerdos con Norteamérica son las pruebas de esa vuelta de España a la política internacional activa. […]. Yo quiero recordaros que la vuelta de España al quehacer internacional no data de ahora, sino de la fecha de nuestro movimiento y de la ocasión en que España, unida y resuelta, decidió seguir su camino [...]»

Mensaje de fin de año de Franco
en 1953

El día 23 de septiembre de 1953 se firmaban los Acuerdos de Madrid. Estados Unidos no aceptó la pretensión española de que se firmara un tratado, quedándose en «pacto ejecutivo» entre gobiernos. Si hubiera sido un tratado internacional habría que haberlo llevado al Senado, y se corría el riesgo de que no se aprobase, ya que algunos senadores seguían sintiendo una clara alergia hacia el régimen franquista. La Casa Blanca prefirió no hacerlo.

Fueron tres acuerdos. El primero tenía que ver con los suministros de material de guerra que Estados Unidos proporcionaría a España, que sufría un claro envejecimiento del mismo. El segundo acuerdo trataba de la ayuda económica con créditos. Por fin, el tercero era el que regulaba la ayuda para la defensa mutua, con el establecimiento de bases militares norteamericanas en territorio español. El Gobierno español autorizaba al norteamericano a desarrollar, mantener y utilizar para fines militares, juntamente con el Gobierno de España, aquellas zonas e instalaciones en territorio español bajo jurisdicción española que se acordasen por las autoridades competentes de ambos Gobiernos como necesarias para los fines del convenio. Pues bien, las zonas que, en virtud de este convenio, se preparasen para su utilización conjunta, quedarían siempre bajo pabellón y mando español, y España asumiría la obligación de adoptar las medidas necesarias para su seguridad exterior. Sin embargo, los Estados Unidos, podrían, en todo caso, ejercer la necesaria vigilancia sobre el personal, instalaciones y equipo estadounidenses. En conclusión, las bases quedarían bajo una soberanía conjunta. De ese modo, Franco pudo presumir ante las Cortes de que se había alcanzado un acuerdo histórico. En realidad, junto con el Concordato firmado con la Santa Sede en ese mismo año, estos acuerdos fueron un pilar fundamental para la supervivencia de la Dictadura. Franco pudo presentarse ante España y ante el mundo como un adalid en la lucha contra el comunismo. Pero también es verdad que en el seno del franquismo hubo sectores de la Administración que fueron conscientes de que los acuerdos no eran tan beneficiosos y que convenía negociar para obtener compensaciones. No lo lograron, y no solo por la negativa de Estados Unidos, sino porque para Franco ya se habían conseguido los objetivos que se había marcado: modernizar tecnológicamente las Fuerzas Armadas, la ayuda económica, y sobre todo el respaldo para seguir en el poder, el fin fundamental de toda su vida.

Pero para entender completamente la importancia de los acuerdos firmados no se puede olvidar la cláusula secreta en la parte militar. Ese protocolo adicional decía que Estados Unidos podía usar unilateralmente las bases en caso de una agresión comunista que amenazase la seguridad de Occidente, sin tener que contar con la autorización del Gobierno español. Los norteamericanos siempre negaron que hubiera cláusulas secretas. Por su parte, era evidente que el franquismo no podía tampoco afirmar que existía esa parte secreta porque suponía una clara cesión de soberanía e implicaba a España en los riesgos de la Guerra Fría, sin que quedara muy claro que fuera respaldada o protegida por la superpotencia. Los acuerdos pasaron a engrosar la lista de los mitos del franquismo.

El objetivo se había cumplido, Franco se quedaría en El Pardo y se comenzaba a salir del ostracismo internacional. Estados Unidos, por su parte, había conseguido un aliado.

La muerte de Franco

El régimen franquista entró en crisis final a partir del asesinato de Carrero Blanco, a pesar de que todavía duraría dos años más. El elegido para suceder al almirante, y por claro influjo del entorno de Franco, fue Carlos Arias Navarro, que formó Gobierno al comenzar el año 1974, un ejecutivo original por dos razones. En primer lugar porque la presencia militar se redujo, y en segundo lugar por la ausencia de ministros del Opus Dei. En todo caso, el régimen comenzaba a presentar grandes fisuras. Franco estaba enfermo y faltaba el verdadero cerebro gris tantos años en la sombra, o al final al frente del Gobierno. Las familias políticas agudizaron sus rivalidades; solamente la presencia aún del dictador impedía el choque frontal.

Arias Navarro parecía apostar por la apertura, como anunció en las Cortes con el famoso «espíritu del 12 de febrero». Al liberalizarse en parte la prensa, estalló una verdadera fiebre en la misma sobre el futuro. Pero era un aperturismo ficticio, porque el régimen siguió ejecutando sentencias de muerte (un anarquista y un delincuente común), y Arias entró en un conflicto intenso con la Iglesia en el asunto Añoveros a cuenta de una homilía en su diócesis sobre el reconocimiento de la realidad vasca, y que a punto estuvo de crear un gravísimo problema con el Vaticano. Pero además, España estaba ya sufriendo la grave crisis económica que trajo la elevación del coste del petróleo, disparándose los precios, bajando el salario real y aumentando de manera considerable la conflictividad social. En esa primavera llegaba la democracia a Portugal con la Revolución de los Claveles, influyendo en la creación de la UMD de oficiales españoles, que buscaban la salida democrática.

Por otro lado, en septiembre tenía lugar el gravísimo atentado de la calle de Correos en Madrid.

La oposición al régimen comenzó a moverse. El PCE se movilizó intensamente, con un acto multitudinario en el verano de 1974 en Ginebra, además de crearse la Junta Democrática, que incluía a distintas fuerzas, y que presentó un programa de doce puntos. Por su parte, los socialistas estaban viviendo una intensa renovación en el Congreso de Suresnes, y al no aceptar el liderazgo comunista promovieron la Plataforma de Convergencia Democrática. Bien es cierto que el PSOE no contaba con la fuerza social del PCE, pero en cambio conservaba el prestigio histórico y un enorme apoyo internacional, liderado por las poderosas socialdemocracias europeas.

El aperturismo de Arias murió muy pronto, precipitando una crisis en el Gobierno y en el propio régimen. La aprobación del Estatuto de Asociaciones es un ejemplo de lo que estaba pasando: intolerable para el franquismo más reaccionario, es rechazado por antidemocrático por la oposición, que se estaba creciendo y exigía la amnistía de los presos políticos, el reconocimiento de la singularidad catalana y vasca, la apertura democrática, etc.

El régimen se desmoronaba, el terrorismo también estaba presente, no solo de ETA sino también del FRAP. Y ante toda esta situación, la respuesta fue endurecer la represión, culminando con las ejecuciones del 27 de septiembre de 1975, que generaron una intensa oleada internacional de protesta y la reacción del régimen en el famoso acto de la Plaza de Oriente, la última comparecencia de Franco con un discurso que mantenía sus principios inalterables del pasado

El otoño de 1975 sería uno de los más intensos de la Historia contemporánea de España. Franco entraba en la recta final de su vida, y la Marcha Verde, organizada por el rey de Marruecos, ejercía una presión intensa sobre el Sahara, provocando el abandono del mismo por parte del Gobierno, sobrepasado por los acontecimientos.

El 20 de noviembre de 1975 moría Franco. Una larga etapa de la Historia de España comenzaba a terminar, empezando otra nueva, incierta, en medio de miedos, tensiones, fuerzas encontradas, y de una fortísima crisis económica, pero también con grandes e intensas esperanzas.

Bibliografía

Creemos que la visión más amplia y moderna es la *Historia de España* que dirigieron Josep Fontana y Ramón Villares para la Editorial Crítica. Por otro lado, nunca dejaremos de recomendar la ya clásica *Enciclopedia de Historia de España* que dirigió Miguel Artola en Alianza Editorial, siendo sus *Diccionarios Temático y Biográfico* dos instrumentos imprescindibles.

EDITATUM

Patrocinio

Esta es la página destinada a ofrecer al lector y a los medios de comunicación, todos los datos e información sobre el patrocinador de este libro.

Puede contener su logo, una breve reseña de su actividad o producto e incluye los contactos web, de correo y telefónico.

Además, el patrocinador figurará en el espacio correspondiente en la contraportada del libro. Este patrocinio figurará en todas las sucesivas ediciones de la obra si éstas se produjeran.

Si desea recibir información sobre el patrocinio de los GuíaBurros puede dirigirse a la web:

www.editatum.com/patrocinio

EDITATUM

Libros para crecer

www.editatum.com

www.ingramcontent.com/pod-product-compliance
Lightning Source LLC
Chambersburg PA
CBHW021008090426
42738CB00007B/701